跨文化背景下
高职英语教育创新理论研究

郑　梅　刘春艳◎著

吉林出版集团股份有限公司
全国百佳图书出版单位

图书在版编目（CIP）数据

跨文化背景下高职英语教育创新理论研究 / 郑梅，刘春艳著. -- 长春：吉林出版集团股份有限公司，2023.3

ISBN 978-7-5731-3127-0

Ⅰ. ①跨… Ⅱ. ①郑… ②刘… Ⅲ. ①英语－教学研究－高等职业教育 Ⅳ. ①H319.3

中国国家版本馆CIP数据核字(2023)第051424号

KUAWENHUA BEIJING XIA GAOZHI YINGYU JIAOYU CHUANGXIN LILUN YANJIU

跨文化背景下高职英语教育创新理论研究

著　　者　郑 梅　刘春艳
责任编辑　杨 爽
装帧设计　779工作室

出　　版　吉林出版集团股份有限公司
发　　行　吉林出版集团社科图书有限公司
地　　址　吉林省长春市南关区福祉大路5788号　邮编：130118
印　　刷　长春新华印刷集团有限公司
电　　话　0431-81629711（总编办）
抖 音 号　吉林出版集团社科图书有限公司 37009026326

开　　本　787 mm × 1092 mm　1 / 16
印　　张　9.25
字　　数　185 千
版　　次　2023 年 4 月第 1 版
印　　次　2023 年 4 月第 1 次印刷

书　　号　ISBN 978-7-5731-3127-0
定　　价　48.00 元

前言 PREFACE

语言与文化之间有着天然的、密不可分的联系。一门语言的学习和掌握总是建立在目标语言所承载的社会交际、文化传承之上。因此，目标语言与母语之间的文化差异，常常导致语言学习中存在理解及运用困难。为了在英语教学中实现跨文化交际能力培养的目标，应特别重视语言教学与文化教学之间的关系，探索符合跨文化的语言教学方法，让学生提高英美文化的意识，掌握学习的技巧。基于此，本书以英语教学、文化教学、教学模式等理论为指导，从跨文化交际的视角，介绍与跨文化高职英语教学相关的理论与实践。

本书共分为五章，涵盖了跨文化英语教学各个方面的主要内容，并对其中一些重要问题有相对深入的介绍与讨论。本书通过对英语国家较为典型的主流文化现象进行描述、阐释和讨论，培养学生对目的语文化的兴趣和理解力，进而使学生主动观察、分析、对比、评价文化及文化差异现象，较为客观、系统、全面地认识英语国家的文化，以有效拓宽学生的国际视野，提高学生的跨文化交际意识，培养学生的跨文化交际能力。

由于作者水平有限，疏忽与不足之处敬请专家、读者批评指正。

第一章　英语教育的文化分析

中国文化既源远流长又博大精深，且特色鲜明，在国际文化交流中具备天然的文化资源优势。面对当今世界英语几乎获取“准世界语”地位的这一现实，中国文化在国际输出时也必然需要使用英语进行合作与交流。外语教育理念早已成为我国外语界的共识，那就是外语教学不仅是语言教学，而且是文化教学。纵观我国各级各类外语教育，对于文化学含量的分析显得日益重要和突出。

第一节　多元文化背景下的英语教育

当今世界是一个文化多元的时代，文化全球化的进程使得不同文化间的接触越来越密切，文化的多元化需要人们用一个超越文化差异的视角看待文化，需要人们用一个新的多元的视角看待教育，多元文化的社会环境对学校教育必然会产生影响，这种影响体现在学校环境的各个方面，使学校自身也成为一种多元的环境。在这种背景下，多元文化对原有的传统课程模式也提出了新的要求与挑战，多元文化背景下的外语课程改革与教师发展，无疑是一个迫切需要研究的重要课题。

一、外语课程与多元文化

随着科学技术的迅猛发展与传媒的迅速普及，多元文化已经存在于人们生活的方方面面。没有任何一种文化比其他文化更优秀，也不存在一种超然的标准可以证明这样一种正当性可以把自己的标准强加于其他文化之上。多元文化主义的核心是承认文化的多样性和差异性，承认文化之间的平等和相互影响。文化多样性是经济全球化时代世界文化发展的标志和表现，是世界各国的地域文化形式维持其存在的重要表现。文化多样性的存在与发展表现为人类文化的多样化过程，在这个过程中，文化冲突、文化融合和文化整合是实现地域文化之间交流、互动与共同发展的主要方式。多元文化并不是文化和文化的简单相加，而是按后现代主义所提倡的那样，在多元共存的情况下，人们可以摒弃一元状态下非黑即白的弊端，在竞争中呈现多头并进的态势，并得以共同繁荣、永葆生机。多元文化不仅仅是多种文化的展示，更是多种文化间的相互承认和相互影响的动态过程。

在西方，多元文化深受后现代主义的反中心、反主流价值和跨学科特性的影响，许多国家对多元文化采取包容的态度。《多元文化：上下文、过程和内容之间的关联问题教师导读》一书认为，多元文化教育是培养学生成为具备多种文化和语言背景的社会公民，多元文化教育是教育改革的意义所在。可见，美国多元文化主义理论已经贯穿到其语言教学实践中去了，并成了一种潜在意识，这为美国的语言教学和文化多元化实践奠定了坚实基础。其理论基础和实践方法对我国目前进行的外语教学改革无疑起到指导作用。

在我国，随着经济全球化时代的到来，一元文化论的权威思想受到冲击，“多元文化”一词开始频繁出现。而多元文化教育理论是建立在文化平等和文化多样性基础之上的，从广义上说它有助于文化间的合作与共融，帮助人们找到不同文化间的合作方向；从狭义上说它可培养学生的跨文化意识和交际能力及文化创造力。在全球化视野下，英语被广泛地用于多元文化背景的人际交往，因此学生学习外语的应用能力除包括正确运用语言的能力外，还包括了对母语文化、目的语文化与世界多元文化的理解和认同，以及处理文化差异的灵活性的能力。这样的趋势既增强了人们在文化价值与生活方式等方面的相似性，也突出和强化了各地文化价值与生活方式等的差异性。英、法、美、澳、加等国家大力倡导多元文化教育，强调在所有学校中确立多元文化课程。在外语课程中，强调以多样性为核心，推进不同文化间的理解，主要目的就是要“培养所有学生进入多元文化世界的适应力与发展力，以期建构一个多元文化的教育环境，使每一位学生都能拥有文化选择的权利和机会，消除不同文化之间的隔阂与歧视，让所有学生学会面对文化的多样性，促进学生对所有族群包括非主流文化中优秀传统的了解与尊重，使学生能够欣赏和理解不同文化族群所具有的差异性，培养学生成为具有民主、尊重、宽容、平等、自由、理解观点的世界公民”。

联合国教科文组织“面向 21 世纪教育国际研讨会”提出：“未来社会中不同文明将同时存在，多元文化、多元社会并存是一种现实。”多元文化教育意味着在教育目标中将“多元共存、平等发展”的观念作为人的发展的素质要求，在教育过程中要体现平等的原则，即平等对待不同的文化个体，尊重不同个体的文化习俗；在教育内容中要体现不同文化背景下人们的生活及价值观念，并加强文化间的交流与整合，使教育体现出多元文化的全球信念、

国际理解和全民教育观念。多元文化理念下的教育观不仅要倡导对自己民族优秀文化传统的热爱与珍视，同时倡导对其他民族优秀文化传统的尊重、理解与接纳，教会学生懂得人类的多样性，使他们认识到地球人之间具有相似性且相互依存。教育机构要积极创设提高年轻一代跨文化适应力和发展力的教育，以培养所有学生进入多元文化世界的适应力与发展力，促进世界文化的多样性发展、文化间的相互尊重和世界和平，使学生承担起全球化时代的新使命。

多元文化教育理念势必对外语教育产生深刻的影响。多元文化教育通过对跨文化人才的培养，使他们养成参与民主决策的社会与政治的能力，提高受教育者在多元文化碰撞与冲突的局面下能够敏锐把握文化动向、调整自身观念与行为的跨文化适应力与发展力，推动世界文化的进步，促进人类和平事业的发展。这一发展过程离不开教育，具体到外语教育中就是要培养学生的跨文化适应力。培养学生跨文化适应能力应从以下几方面着手。首先，开阔文化视野，树立开放的世界文化观。通过对世界文化的传播，让学生了解、鉴赏本民族文化的历史渊源与文化精粹，同时了解和鉴赏世界各民族文化的起源、发展及精神实质，贯穿多元化文化观念，培养跨文化意识，使学生在教育过程中学会批判与借鉴，培养他们对本民族文化产生深刻理解以及由此而生的民族自豪感和认同意识，而且具有对所有文化的尊重与接纳的意识。其次，倡导积极的跨文化情感，增进理解与宽容。多元文化教育的过程也是一个与本民族文化及世界文化的情感交流的过程。人们越是关注文化和文化的多元发展，就越能认识到吸收其他文化精华以丰富自己文化的重要性。只有在与其他文化的比较中才能更深入地了解自身文化，发展自身文化。

“文化是一个不断使人们适应环境的过程，而环境也要求人们用新的方式来理解这个世界并做出回应。”外语教学目标是排除传统上对外来非主流文化的排斥态度，培养学生树立正确的多元文化价值观念，消除他们对外来文化的排外思想和对文化冲突的恐惧心理。因此，建立一种文化融合，符合多元文化主义的文化策略，在文化多样性与统一性之间寻求一个动态平衡，是外语教学和跨文化教学中要把握的关键。另外，外语教学也能促进文化在纵向和横向上的融合与发展。文化发展存在民族性与世界性之间的互动，文化的民族性并不是静止的概念，其表现为纵向上不断更新外来文化、横向上不断融合外来文化的动态过程。从横向上看，中华文化一方面吸收外国文化精粹，转化为自身文化精神，另一方面也被异国文化移植、消解和同化，成为他们的文化内核。随着英语教学改革不断深入，探讨如何运用多元文化主义教育理论指导跨文化外语教学具有强烈的时代性和现实意义。

二、多元文化背景下外语课程的教育价值理念

价值之源在于某种或明晰或潜藏的文化理念，一种教育价值理念的形成就深深根植于这种文化理念之中。教育价值理念作为价值范畴的一个属类，由当前文化形态导出，应该反映出当前文化形态所涵盖的价值需求和价值意识。也就是说，当前教育价值理念应该遵循当前社会的文化理解。当前教育价值理念的文化视角实质上就是在当前这种多元文化背景下进行的一种文化抉择。如果当前这种纷杂的文化形态是由社会转型或现代化进程带来的无法避免的状况，那么就教育价值理念而言，教育的相对独立性决定了其价值意识仍然能够在复杂的文化形态中找到某种必然的价值逻辑，并在教育实践中遵循这种逻辑。鉴于我国当前文化形态主要是由自我文化与外域文化交会而形成的，并处于现代性文化的转型之中，那么教育价值理念的生成过程理应对两种文化的价值取向呈现各自不同的逻辑认同姿态。

（一）自我文化的扬弃

自我文化主要就是前文所说的传统型文化。由于我国幅员辽阔、民族众多，因而在现实表现上也分成若干层次或存在由民族、地域等方面的不同而导致的差异，即便同是源于中华文化基因库的传统型文化，也有汉民族与其他民族文化之异、有东西部或南北部文化之别，至于城乡文化的差异就更加普遍了。因而，这里讨论的自我文化的扬弃，在主体上是指整个传统型文化在面对现代性文化的他者反照下的一种反省、一种扬弃的过程。但在一定程度上也会涉及在不同语境中的我国传统型文化的存在方式，对待这种局域的自我文化也需要有一种扬弃的态度。通过对不同层面文化的扬弃，能够让我国的教育价值理念得以在一种相对的合乎逻辑、合乎理性的文化形态基础上生存。首先，我们必须调适心态来面对整个传统型自我文化的扬弃。不管是对待近代西方文化的入侵，还是当前经济全球化、科技一体化及信息网络文化的冲击等，我们对待文化的态度似乎一直未能找到一种理性的方式，因而史上曾出现对待西方文化的全盘西化和全盘否定之势，当前对待传统文化也面临着是要全面恢复国学还是要彻底思维革命之争。

如法国汉学家施舟人教授所言：“新的文化形式出现，总是不同文化传统相互使用的结果，总是不同文明互动的产物。”因此，面对当前全球多元文化不可回避的趋势，各种文化更不可能各自独立地发展，而是在相互影响下形成一种多元文化共存的局面，那么，各种文化在人类文化中的价值和影响，将由其吸收他种文化中的某些精华因素和更新自身文化的能力来决定。吸收他种文化中的精华即需要我们对外来文化进行慎重地审度和考虑，而更新自

身文化的能力实质上就是一种自我文化的扬弃能力。这里需要说明的是，文化的优劣其实如同任何事物一样，是通过对比其他文化而得出的结论。在当代，随着文化研究的热潮在西方兴起，我国学术界在20世纪80年代前后也曾掀起一股文化热流，有关传统文化与西方文化之争一度沸沸扬扬，甚至影响了人们的意识形态。随着改革开放政策的实施以及以经济建设为中心的确立，使得这股文化热潮在人们的意识中也渐渐地消退和冷却。

而教育要在致力于人的独立的自我意识觉醒中、平等的自我尊严守护中体现出自身的价值。只有通过这样的努力，现代性文化的核心要素才有成长的土壤，建立在现代性文化基础之上的现代性社会才能最终成为现实。

（二）外来文化的审度

当前教育价值理念在终极诉求上对人自身的发展而言，理应倡导那种道德上的普适性价值体系构建和生存意义上的普适性能力发展。但是，在现实层面上，尤其是处于当前我国社会转型的关键时期，教育价值理念对社会发展所具有的价值就在于，教育如何促进当前社会的现代化进程，如何尽快完成工业化，如何实现社会财富积累。

现代文化的本质体现在于理性价值意识的觉醒，现代文化的核心理念就是建立在理性启蒙基础上的自由、平等、博爱的伦理精神及科学、民主的思想意识。西方现代文化中一切堪称精华的因素如自主意识、独立判断、尊崇科学、进取精神及创新能力等无不源于这种理性的价值理念。西方现代性文化铸就了西方现代化社会，西方现代性文化的这种价值理念也应该成为我国当前文化价值理念的逻辑起点，早日实现我国的社会主义现代化。但是，当前教育价值理念的文化视角既然需要对自我文化进行扬弃，也就应该对外来文化抱有审度的谨慎态度。同时，在我国当前急切的现代化进程中，亦须谨慎行事，力戒浮躁冒进的心态。

我们当前教育价值理念的文化视角在外来文化的审度上，其作为关节点的意义就在于此。我们必须明确认识到，技术的现代性虽然是我们当前现代化进程的重要举措和目标，但其实是缺乏终极价值的，技术的现代性势必衍生出一系列目前正困扰西方社会的问题，同时技术的现代性就真正意义上的现代性而言，只是一个量变的积累，相对而言也是容易实现的。而解放的现代性是一种永恒的现代性，是人性实现的现代性，是关注人类自身及人类社会存在的终极意义的以价值理性为基础的现代性，只有历经技术的现代性过程并突破这种解放的现代性的质变，我们才能说是全面完整的现代性社会。因此，这种解放的现代性更应该成为我们的教育价值理念所遵循的外来文化视角。理由在于，尽管对一个工业化尚未完成的前现代化国家而言，技术的现代性是解放的现代性的前提和基础，但对教育而言，“十年树木，百年树人”，其人才产出的周期长，因此在价值理念上要有前瞻性、超越性。否则，当技术的现代性完结后，人们却因为没有经受解放的现代性的洗礼，而在片面的现代性文化中找不到人类自身存在的终极意义，从而失去了人性的完整实现。简言之，如果在我们当前文化转型时期的教育价值理念中没有渗透进这种解放的现代性文化视角，则具有永恒性的解放的现代性在短暂飞逝的技术的现代性终结后，将仍然让我们觉得现代性文化遥不可及，且真正意义上的现代性将离我们越来越远。这种甄别对于我们当前多元文化教育实践及评价中客观上存在的重知识、轻智慧的现象是具有警示意义的，而人力资本理论或教育产业化等问题，在西方教育上的成功并不具有普遍意义或普适性，而是有其特殊社会基础和文化背景的，我们的教育价值理念在吸纳西方经验时，就需要格外谨慎，避免出现不可挽回的错误。在我们当前的多元文化背景下的教育价值理念中既要贯彻技术的现代性文化，使教育对我国当前物质现代化的发展发挥作用，又要渗透解放的现代性文化，使教育在作用于社会经济发展的同时，承担起促进社会进步的伟大责任。

第二节　跨文化交际能力培养体系

高职英语开设这么多年以来，高职英语的跨文化教学，始终都是一个边缘化的存在，在整个高职英语教学过程中扮演着可有可无的、居于附属地位的角色。高职英语跨文化教学的这种境况，是根本无法满足当前我国飞速发展的、对于跨文化交际人才需求的。但是，无数的事实也在表明一个问题，那就是跨文化人才的培养，可不是一朝一夕的事情，这是一项长期而又艰巨的教学任务，具有很高的实践性要求。跨文化交际，需要提升的是学生们的“跨越”层面的交际水平，而从“跨越”到“超越”，则又是从一个层面到另一个层面的质的飞跃。若是想要更好地实现这一个质的飞跃，那么，就需要我们的理论建构一个深层次的跨文化交际教学架构，并且在此基础上寻找探索一套行之有效的教学方法。

一种成功的跨文化教学模式，必然是文化教学与语言教学相得益彰、融为一体的教学模式，在这一教学模式的作用下，教师自身的文化素养必然会得以有效的提升，对于目的语言的文化理解能力，也有着显著的提高，从而能够更好地推动跨文化教学目标、教学内容、教学活动的各个环节获得全面

的改革，以最终实现培养具有跨文化意识与跨文化能力的交际人才。因此，就必须要采取一些方法策略，从而使高职英语跨文化教学体系实现系统化教学。下面，以跨文化交际能力三分模式的理论基础，从认知、情感、行为三个层面建构起跨文化交际能力的培养体系，以便更好地满足学生们的需求与国际迅猛发展的一体化态势对于跨文化人才的需求。

第三节　跨文化交际能力培养的认知体系

在大多数学者专家的观点中，跨文化交际能力，就是指语言使用者能够在目的语言的文化情境中得体恰当地使用目的语言进行交流沟通，并且能够用目的语言的思维习惯、情感感知方式去理解、表达自己看待事物与世界的观点与看法，从而在此形成新的对于世界的体验的能力。具体就高职英语的跨文化教学来说，认知，也就意味着对于教学理念、教学目标及教学过程中的一切看似矛盾但又各自密切相连的关系的处理以及教学原则的确立。

一、树立正确的教学理念

教学观念的更新、教学认识的提升，对于当前的高职英语跨文化教学及其所面临的改革来说，具有十分重要的意义作用。就目前我国整个高职英语跨文化教学的现状来看，我们所提出的跨文化教学，仍然属于一种较为先锋的教学观点。而作为管理我国高职英语教学的教学部行政部门，他们的思想意识，将直接影响作用于我们的高职英语跨文化教学的改革与发展。因此，基于此现状，当前我国的教学部行政管理部门，应该有着战略性的眼光与视野，充分借鉴学习西方欧美一些国家比较先进的跨文化经验，从更高的战略性目光来看待我国需要进行的跨文化教学所具有的时代意义，明确高职英语跨文化教学的内涵与目标，以便更好地制定出同我国当前的国情及教学实况相符合的高职英语跨文化教学的目标、原则和方法，为我们当前的英语教学提供更为明确的目标与方向。

在高职英语跨文化教学过程中，最为首要的是，教师必须先要明确自身教学理念更新的重要性。在进行高职英语的跨文化教学过程中，能够做到始终坚持“语言教学与文化教学相结合”的教学方式，分别从语言意识、语言学习、文化意识及文化经历四个相互紧密相连的层面分别着手，将母语文化在高职英语学习过程中的正迁移作用充分发挥出来。其次，教师对于自身素质的要求，不能够仅仅将自己定位于一个传授知识教书匠的位置，而应该注重对自身各方面能力的培养，努力使自己成为一名学贯中西的学者型教师。

此外，高职英语跨文化教学过程中，除了教师的教学理念的更新与教师自身文化素养的培养与提升之外，对于高职英语跨文化教学中的文化理论框架的建构，也是一个必须明确并且需要进行进一步深入分析探讨研究的重要课题。

体验式教学模式，对教师在教学过程中提出的要求就是根据教材的课文内容，为学生创设出尽量逼真的文化学习情境。使学生在这种较为逼真的教学情境中去体验、去感同身受目的语言的文化内涵，从而达到学习跨文化内容的目的。在这一过程中，学习者在获取了课文内容相关知识的同时，才能更为有效地开阔自己的理论视野，使自己对于理论知识的应用能力得到进一步提升，同时，技能、技巧都有了一定程度的进步。特别是这种使学生身临其境地去感受体验课文内容中的真实情景，对于自己所接触到的课文中的内容进行亲自实践与体验，在一种相对独立自由的情境下创设一种学习的氛围，从而培养其创新实践的新能力。其实，体验式教学模式的核心就是对于直接经验进行体验。

高职英语跨文化教学中的体验式教学，是以建构主义理论为其发展基础的。在建构主义者的理论观点中，学习的过程就是一个建构的过程，但是，建构主义理论者比较强调突出学习者学习的主动性与积极性，倡导突出学习者的主体作用。这样，学生作为学习的主体，那么，教师在建构主义者看来，应该是处于一种协助者、促进者的位置，而不是像我们过去的英语教学模式中教师始终处于一个知识灌输者与提供者的角色中。从教学方法来看，建构主义有着多种多样的教学模式，但是，情境创设和协作学习，却从始至终都是贯穿于各个教学环节的。在建构主义教学理论架构中，学习者不再只是一个被动的信息接收者的角色，而是通过情境创设与协作，来积极主动地建构起自己对于所学知识的意义构架。同过去那种教师作为课堂教学主导的教学模式相比较，体验式教学模式更为突出强调的是学生在教学过程中的中心主体位置，将学习者的自主学习看作是最为重要的，认为这更贴近学习者对于所学知识进行内化的学习认知规律。对于课文内容进行真实语境的创设与模拟，将学生带入到所学内容的情境中，能够更大程度激发出学生们的学习热情与参与学习的积极性。学生们能够在这种虚拟的语境中体验、感受、发现语言应用技巧及使用规则，并且能够将其运用到情境的实践检验之中。

高职英语跨文化教学的体验教学，可以说，很好地体现了英语教学的新进展，既符合以往的交际教学法的原则，同时又体现了任务教学法的特点。此外，体验式教学方法突破了时空的局限性，特别是当下飞速发展的高新科技如多媒体、互联网等的广泛运用，为高职英语进行体验式学习提供了更为丰富的体验渠道。充分将这些高新科技的发展成果运用到高职英语的跨文化

教学过程中，不仅仅增加了英语学习的趣味性，同时，在这一运用的过程中，学生们的思维与感官都会受到不同程度的相应的刺激，学习的积极性、主动性、趣味性都被最大限度调动起来，从而真正实现快乐学习、记忆语言文化知识内容的效果。

要知道，文化不是一个一成不变的、静态的存在，文化是一个随着社会的发展而自身也不断得以发展更新的动态的过程。那些过去发生过的事情，可能会对语言的表达含义形成一定的影响，但是，反过来，语言的意义，又会影响到未来可能发生的事物，而未来可能发生的事物与经历，则又会对语言的意义产生影响。就这样，周而复始，循环往复。而且，伴随着社会的不断进步与发展，世界各民族的思维方式、价值理念、包括生活方式、社会规范等，都会相应地发生一些改变。因此，这就要求我们的教师在进行高职英语跨文化体验教学的过程中，将教学的中心置放于学生的身上，要明白，教师不再是教学的中心，不应该将教师仅只作为知识灌输者的角色来定位，而是应该将学生作为整个教学的主体，增强学生们的文化体验学习，培养学生们自主学习、积极自主进行文化积累与分析的能力，提升学生们的文化敏感性，从而实现学生对文化差异性与自觉性的敏感度的提升。

这样，在高职英语跨文化教学过程中，要确保其理论体系的完整性，以一种全新的教学理念、清晰的教学思路来促进课堂内外的跨文化体验教学，从各个层面多角度、多方位地采取措施，以加深教师自身对于高职英语跨文化教学过程中的认知度，从而使其能够更好地投入到跨文化教学的工作中。

二、明确合理的教学目标

高职英语跨文化教学的目的，其实就是为了培养英语学习者在进行跨文化交际时能够用得体合适的英语民族的语言与文化进行交流的能力。因此，这就需要学生必须对目的语言词汇的极为丰富的文化内涵有所了解与认识，这样才能够更好地掌握目的语言的使用规则。经验表明，相较于结构规则而言，语言的使用规则，则要显得更为重要。在跨文化交际中，若仅依靠语音、语法、语调的正确流畅运用，这是不够的，这根本就无法保证我们的跨文化交际的顺利进行与完成。高职英语的跨文化教学，不仅仅是帮助学生认识了解到英语民族的人们观察世界的方式和思考问题的方式，更为重要的是，还能够协助学习者运用英语民族的视觉与思维方式来表达其所看到的事物、行为习惯等，以便真正学会用得体的语言与方式同英语民族的人们顺利地进行跨文化交际。

此外，除了一定的应用能力的培养之外，对于异域文化的敏感度以及容忍度，在很大程度上也决定着跨文化交际的成败。学习者不仅仅要对异域民族的生活习惯、思维方式、认识模式及合作态度等有所认识与了解，更需要对自己的交际对象所拥有的文化背景与风俗习惯等有着一定的敏感度与包容性。在跨文化交际过程中，其实交际者非常容易犯的一个错误便是以自己母语文化的视觉去审视目的语言的民族文化与思维习惯，而不去深入探究隐藏在文化表象背后的深层内容。因此，这就需要教师尽可能多地为学生创造一些真实的文化体验情境，通过直接的经验感受，引导着学生们对隐藏在文化背后的深层含义有着更为深切的解读与理解。同时，还可以通过参加培训班等多种方式来拓宽体验渠道，引领着学生们能够用目的语言的文化思维去进行思考判断，以更好地提升大家的文化敏感性、包容性及面对着不同民族之间存在的文化差异处理的灵活性，从而确保跨文化交际的顺利成功进行。与此同时，对于学习者来说，在提升他们对外来异域文化进行吸收学习借鉴的同时，也能够将自己本民族的优秀文化传统传播出去，从而使大家成为融会贯通中西方文化的学者型人才，这既是当前外语教学面临的大势所趋，同时，也是高职英语进行跨文化教学的最终目的所在。

跨文化交际能力的培养，是高职英语教学目标中面临的新的任务，从这一目标中我们可以看出，英语社会功能的进一步演变，是顺应全球经济、政治、文化一体化发展态势要求的，是体现英语社会功能的一个层面，充分表现了高职英语教学所具有的社会功能服务性的一个层面。但是，这一高职英语教学的新的目标的制定与确立，也对我们的高职英语教学提出了新的要求，更新高职英语教学理念、改革外语教学的体系，这已经成为当前高职英语教学必须面对的问题与挑战了。

三、正确处理高职英语跨文化教学应面对的三种关系

（一）本土文化同英语文化的关系

在全球一体化的大的发展态势中，英语被作为“世界通用语言”而普遍应用。作为具有“全球普通话”通用语之称的英语，首先必须具备两个层面的含义：第一，必须是由全世界的英语使用者来共享的；第二，包含着各种具有地域特征、文化特征的本土化英语表达方式。

中国，作为世界人口大国，是世界上学习英语人数最多的国家。对于中国的英语学习者们来说，大家学习英语这一具有“世界通用语言”之称的外语，一方面，是希望能够通过英语的学习更为广泛地认识世界，了解世界，同时，也希望通过英语这一“世界通用语言”，将中国介绍给世界各国更多的人，

使大家能够更好地认识中国。因此，英语的学习与交流，这是一个双向互动的过程。但是，现在我们的高职英语教学中，强调了英语民族的文化与价值观，却忽略了对于本民族文化传统的传播与发扬，特别是在高职英语学习的过程中，中国本土母语文化极为单薄。以至于在进入跨文化交际过程中时出现了交际者对于中国特有的文化传统表达的困难。这就提醒我们，在高职英语跨文化教学过程中，如何才能够更好地解决本土母语文化与英语民族文化之间的关系，是高职英语跨文化教学极为重要的一个课题。那么，这就要求我们必须做到：

首先，对于本土母语文化以及学生们对于母语的学习给予足够的重视。语言不仅仅只是一个民族的特征，而且还是这一民族历史文化背景、人生观、价值观及思维方式等的深刻蕴含。就我们中国人来说，汉语是从我们出生时候就伴随着我们的母语，在母语的环境氛围中，我们从小就形成了东方民族汉语式的认知方式，因此，在跨文化交际过程中，宣传发扬具有中华民族特色的优秀文化，是我们每一个汉语民族语言的人责无旁贷的责任。

其次，必须承认"中式英语"存在的客观现实性，并且要有意识地将"中式英语"提升到国际交流的水准。就目前来看，英语作为"世界通用语言"，被世界各族人民广泛地应用，因此，在被应用的过程中，必然会受到各民族文化的影响，从而形成一些不同类型的英语变体，其中，"中式英语"就是现象之一。不过需要注意的是在使用"中式英语"的时候，有几点必须要注意的问题：第一，就是"中式英语"的使用一定要具有相当的可接受性，中国人在用英语表达具有中国特色的事物时，尽量要用英语民族的思维方式与语言习惯来进行表述，使其能够被英语民族的人接受；第二，用英语来对具有中国特色的节日文化进行适当的表达，例如清明节、中秋节、端午节等；第三，当在跨文化交际过程中发生源于民族文化的矛盾冲突时，要尽量用英语民族的思维方式来进行解释，使其成为英语民族能够接受的表达方式，能被英语母语的人所理解，从而实现跨文化交际顺利进行的目的。

最后，在编写英语教材时，也要适当地加入一些中国传统文化作为英语学习的素材，而不是全部照搬西方传统与价值观念的文章做学习素材。在高职英语的跨文化教学课堂上，甚至老师都可以有意识地将英语民族的文化同母语文化进行对比分析，对两个民族文化形成时的不同的文化背景、语言形式进行深入的探讨，以加深学习者对于两个民族文化之间存在的异同性的对比认识，从而在更高的程度上加深学习者对于语言文化的不同的理解与认识。同时，还要善于积极利用母语文化的正迁移作用来帮助学习者更好地掌握英语语言。

总而言之，在全球一体化的发展大势下，我们的高职英语跨文化教学要十分注意对于母语文化与英语民族文化的关系的平衡处理，在教学过程中导入英语民族的文化传统的同时，也不忘对于母语文化的学习与宣传所应有的责任与担当。跨文化交际是一种双向的交流过程，英语交际，同样也是一个双向交流，我们的学生完全可以通过英语的学习，来培养自己跨文化交际能力、国际理解能力，从而寻求到自己在全球化、多元化发展态势中属于自己的发展位置。

（二）英语功用性与人文性的关系

语言，是人类用来进行交际的工具，同时，还是一个民族文化的承载者，在语言的身上集中体现了某一个语言集团的文明成果。因此，作为语言之一的英语，同样具有人文性与功用性的双重价值。从功用性的层面来看，英语作为人类用来认识世界、与世界进行沟通的工具，具有其实用的功用性价值的一面。从人文性的层面来看，英语作为人类文明成果的传承者，对于人类社会的文化传承、人文教学与人格塑造等方面都有着很大的作用。在高职英语跨文化教学过程中，学生透过人文学习语言，再透过语言学习人文，在一种潜移默化的氛围中使学生们受到感染熏陶，暗示引导，从而逐渐形成一定的心理积淀，在此过程中形成了质文相宜的人文素养。

当然，现在的中国社会中，英语作为一种同世界进行沟通交流的手段与方式，极为流行。分析其主要原因，就是因为英语所具有的使用价值。简单地说，一个人的英语水平，直接同他升学晋级留学就业紧密结合起来。而在一个存在着激烈竞争的商业社会中，由于经济飞速发展带来的后果就是人们将追求物质财富作为社会的普遍价值，现代的人们更为倾向于用一种急功近利的标准来衡量判断事物与行为。在这样大的背景下，中国人的英语学习热潮，自然是同他们所急于求成的就业、升职有着密不可分的关系。英语所具有的实用性，是高职英语教学的一个重要组成部分，占据着极为重要的位置。以至于很多高校的英语语言文学教学专业也在突出强调语言课程的实用性，而要求淡化语言文学性。

高职英语教学过程中所设置的各种考试与量化标准，也许可以用来对学生的学习知识技能进行检验考核，但是却很难真正对学生的人文素养进行判断。在这里不得不强调的一点是，英语教学过程中，英语功用性的一面，我们得给予足够的重视，但与此同时，英语教学所具有的人文性的一面，也必须给予相当的关注。英语所具有的功用性同社会的经济紧密相连，但是，人类社会同时还包括有政治、文化等多个方面的内容，是一个复杂的整体。尤其是在全球化发展的背景下，各种文化形式的碰撞与交流，中国与外来社会的交际，越来越全面多元化，而在其中，文化就是主要的一个交流项目内容，

而且对国际交流起着重要的推动作用。此外，英语本身就是一种具有本民族历史传统与现实文化场景密切相关的文化内容，就像美国语言学家 Kachru 曾经所言的那样："一个国家的语言、文化和教学是相互联系的，如果无视特殊的文化背景和国情，孤立看待语言问题会迷失语言的整体性。"

诗人艾略特也曾经说过，个人要求过多的教学，不是为了智慧，而是为了维持下去；国家要求更多的教学，是为了要胜过其他的国家；一个阶层要求更多的教学，是为了胜过其他阶层，至少不被其他阶层超过。

21 世纪是一个全球一体化、多元化发展的时代，在这个伟大的时代中，我们的高职英语教学不仅仅只将关注的目光投注在英语语言技巧与知识的教学中，同时一定还要注重对于英语语言及应用民族所蕴含的深邃的文化内涵的学习，从而在此过程中培养起学生们的跨文化交际能力、对异域文化的敏感性、包容性，以及跨文化交际所需具备的价值观与国际理解能力。作为 21 世纪国际一体化背景中的公民，需要具备一定的能够同具有不同文化背景、来自不同政治制度、不同社会国家的人进行交际的能力。英语作为全球通用语言，我们学习英语的主要目的之一就是希望通过这种国际通用语言，能够开阔视野，了解其他国家的社会历史政治文化，了解中国同世界先进发达国家之间所存在的方方面面的差异性，从而推动生命个体在世界多元化发展过程中的生存与发展。这样，就应该在我们的高职英语课程的开设过程中，积极提倡对于英语语言文化素养、文化课程的培养与开设，通过高职英语的文学、文化课程的开设，来引导学生们进行人文意识、人品分析，进行人文素养的渗透，从而使英语学习的功用性与人文性相统一。

（三）语言教学与文化教学的关系

其实早在 20 世纪 70 年代就有人提出，在外语教学中应该融入文化教学，主要是因为：第一，在同运用另一种语言进行交际的人进行交流时需要用到的不仅仅是这一民族的语言知识技巧，同时，对于这一民族语言的文化习惯与期望值的理解也有着一定的依赖性；第二，跨文化作为一种素质培养，本身也是现代教学的一个目标所在。若是学习一门外语却不能够对其深邃的文化内涵有所理解，那么，所有的努力就显得有些徒劳了。任何一个民族的文化传统与生活方式乃至于宗教习惯、民族心理，都有其固定的思维习惯与思维模式，而这一切的形成，都同语言的积累传承有着密不可分的关系。

我们都知道，语言同文化有着密不可分的关系。在学习语言的同时，其实也就是在对一种文化进行学习的过程。任何一个民族语言的身上，总是体现着这一个民族的文化传统。因此，在学习语言的过程中，却对这一民族的文化没有什么理解，这真是很不可理解的事情。综观语言同文化的关系，语言不仅仅是文化的体现者，同时还是文化的组成部分。一个民族的语言是同其文化相对应的，语言与文化之间彼此紧密相连，共同作用。

因此，学习一种语言的时候，不理解文化，对于语言就很难理解；而如果要很好地理解文化，则需要具备良好的语言基础。扎实的语言基础，是理解文化深邃意蕴必备的。当然，对于语言同文化之间的这种密切关系，现在学生与老师都有了一定的认识与理解，即良好的语言基础对提升跨文化交际具有很大的作用。在跨文化交际中，语言能力与文化素养是两个必备的素质。

不过，在具体的高职英语教学实践中，语言与文化这种彼此相依的紧密关系仍然没有得以很好地实践应用。在教学实践过程中，一般对语言的知识技术性比较突出强调，但却没有足够重视英语学习的文化性，使语言与文化变成隔离的状态。而且，长期以来，学生的学习与老师的教学重点都停留在语言的语法、词汇教学考试的层面，很少就语篇的整体结构、跨文化交际的素养给予关注，这样，在高职英语的跨文化教学过程中，处理好语言与文化的关系，就显得极为重要。

这是因为，第一，语言与文化的教学应该是一个同时共进的过程。教师在进行语言教学的同时也不能忽略文化教学。具体表现就是语言学习机制同文化学习机制同步进行，相互协调，从而使这两种语言的文化在接触时不会产生障碍。学习者能够真正以目的语言的思维方式、目光视野来对问题进行思考、认识、理解，真正达到移情的理想境界，从而以获得全新的“自我认同”。

第二，语言教学与文化教学相互依存，互为条件。要想对一种文化有深入了解，必须首先对这种文化的语言有着深入的认识与掌握。同时，若想更好地掌握一种语言，那么，首先就必须对这一语言的文化有深入的认识。没有语言的文化教学，是无源之水；没有文化的语言教学，则是枯燥乏味。若是从培养学生的能力素质层面来看，只重视语言的讲授而不进行文化的培养，学生能够学到的只有机械的语言知识与技巧，而根本不可能进行合适得体的跨文化交际。文学教学对于拓展学生们学习语言的深度与广度具有重要的意义作用，能够极为有效地提升学生们学习语言的效果。

第三，语言教学和文化教学又是相互兼容，不可分离的。语言和文化是一个整体，无论我们在进行语言教学的时候运用哪种教学方法，其实，都离不开一定程度的文化教学。根据现代教学理念的观点，语言教学只有同文化教学成为一个有效的整体，这才是真正意义上的现代教学。

在高职英语的跨文化教学过程中，语言同文化成为一个有机的整体，这是高职英语跨文化教学的最高目的，在此过程中，有效地培养学生们的跨文化交际能力与素养。

第四节　跨文化交际能力培养的情感体系

所谓的跨文化交际能力的情感体系，具体包括对于不确定性因素存在的包容程度、灵活性、共情能力、悬置判断能力等方面。为了能够确保跨文化交际的顺利进行，在高职英语的跨文化教学中，对于学生们英语文化学习的浓厚兴趣的培养是极为重要的，要培养大家对于英语民族文化的欣赏性，从内心深处乐意了解、认识并接受英语民族的文化知识内容。

而且，在当下的全球化发展背景中，我们进行的高职英语跨文化教学，不能只注重于英语民族文化知识内容的导入，同时，对于本民族的母语文化也应该给予足够的重视，在教学过程中进行双向的交叉教学。在教学过程中，不只是对学生们的英语民族文化知识内容与本民族的母语文化知识有所认识与理解，同时，对于用英语来表达本民族的文化传统特征也有深入的掌握，对于已经掌握的文化知识进行内化，从而进一步生长成为他们自身独有的一笔宝贵的文化财富。通过对于中外文化的兼容并蓄，学生们对于文化的理解认识能力必然会有一定的提升，判断与整合能力也会得以相应地增强，敏感性与洞察能力也有所完善，对于各种接受的知识能够进行理性的分析与判断，从而以一种极博大的胸怀，以及更为高远的智慧来应对跨文化交际过程中可能发生的矛盾冲突。

一、英汉文化并重，消除“中国文化失语症”

在全球化发展的背景中，我们中国的发展需要引起世界的关注，同时，世界的发展也离不开中国这一重要角色给予的关注。也就是说，在全球化的发展过程中，我们不仅仅是单向地把世界的先进技术与文化引入到中国人的视野中并为我所用，同时，还要将中国的先进文化科学传播到世界各国人民的视野之中。但是，现实情况却是，在很多能够说着一口流利的英语的高职毕业生之中，提起英语民族的一些文化传统与习俗，却知之甚少，而且，对于本民族的母语文化的传统与习俗，也不能够全面理解，更不用说，用英语来对本民族的母语文化进行准确的表达，“中国文化失语症”现象已经成为当前跨文化交际中频繁出现的一个高发问题。可是，若想中国真正地走入世界人民的视野中，运用英语这一“世界通用语言”来准确地表达具有中国传统特色的事物，是非常必要的。

在外语教学的过程中，对于目的语言的民族文化不仅仅是采取一种认同接纳的态度，而是应该以增强意识为主。外语文化教学的目的并不是为了实现异化的原则，而是为了通过对于目的语言民族的文化的学习，能够更好地培养起学习者在跨文化交际中所具有的跨文化意识与跨文化交际的能力。而其最终的目的就是能够更好地进行本民族文化与目的语言民族文化之间进行更好的交流与融合。

因此，我们的高职英语跨文化教学的目的，并不是为了使学生们最终归于英语民族文化，也不是为了使母语文化与英语民族的文化在学生们的身上实现简单的叠加，而是为了使两种文化在学生们的身上形成一种很好的互动，从而使学生具有一定的文化创造能力。

高职英语跨文化教学过程中，就需要关注将英语民族文化融入英语语言的教学之中，并且最终实现双向教学导入的原则。在一种母语文化与目的语言文化并重的学习氛围之中，本民族的母语文化才能够同英语民族的文化在学习者身上更好地形成一种互动作用，从而激发出现学习者的文化创造力，加深和拓宽学习者对于本民族母语文化的认识与理解，帮助学习者在立足本民族语言文化的基础上更好地、更为深入地进行跨文化交际与学习，提升他们的跨文化交际能力，更好地培养大家的跨文化意识。

这样，就需要无论是教学主管的各级部门，还是学校教师自身，都应该有意识地引导学生在英语的跨文化交流与学习的过程中，注意对于本民族的母语文化的学习与理解表达，注意保持自己的民族文化道德底线，从而消除“中国文化失语症”现象对于跨文化交际的影响性。这就需要：

（一）充分发挥教学主管部门的监督引导作用

我国的教学主管部门首先应该做到的是一种与时俱进的态度，能够对世界发展态势、跨文化交际过程中出现的问题及动态进行监督引导，从而及时提醒我国教学界对于跨文化交际中出现的问题给予及时的纠正与应对解决。用英语表达中国文化传统特色的规定，应该在各类教学部门的文件与教学大纲中有明确的规定，从而确保教学部门在高职英语跨文化教学中所具有的监督性与引导作用。而且，这一点要在不同的英语教学层面与测试考核中有所体现，从而确保在英语教学的过程中真正实现我国母语文化的传授与影响，在此过程中，国内各级教学部门、学术界以及学校都切实地给予足够的重视，相互协作，使其在教学实践中真正得以切实有效地实行。

（二）提高教师自身的文化素养与教学水平

就目前我国的高职英语教师队伍来说，无论是其对于英语民族的文化知识内容的认识与理解，还是对于中国本土文化知识的理解，都存在着很大的差距，更别说用英语表达中国本土文化特色的传统知识了，那就存在着更大

的欠缺。作为一名高职英语教师，特别是面对着跨文化交际的发展态势，不仅需要自身具备相当的跨文化交际的背景知识，同时还须具备培养学生们的平等文化意识，在对学生们进行中国传统文化事物的英语表达教学的过程中，提升自己的跨文化教学效果。

此外，我们的高职英语教师自身不仅仅要具备一定的文化素养与宏观意识，同时，还需要有微观方面的具体教学操作能力。比如在教学过程中，教师可以通过有意识地对两种文化比较来进行中国文化的英语表达内容，以此平衡英语文化与母语文化知识内容的授课比例。还可以结合课文内容与实践需求，对学生进行分组合作学习关于中西方文化内容的对比训练，从而使学生对自身的文化缺陷有所认识，并且进行适当的弥补与改善，进一步加强学生对于中西方文化的认识与理解，促进大家用英语表达中国特色的文化与事物的能力，并且能够较为充分地掌握其相关的结构与表达方式，以达到在跨文化交际过程中灵活自如地进行英语表达。

（三）提升学生跨文化交际的主动性

通过参与一些跨文化交际的情景模拟，对于培养跨文化交际主动性具有一定的促进作用，在跨文化交际的真实感受过程中领悟跨文化交际的深刻含义。此外，无论是学校还是老师，都应该积极鼓励学生们抓住一切参加跨文化交际的机会，积极参加一些国际性的文化交流活动。例如一些国际性的赛事，都需要一些志愿者。其实，这对于学生来说，是很难得的跨文化交流的机会，希望教师与学生们能够积极关注有关方面的信息，积极参与。

通过一些现实的跨文化交际活动的参与，能够使学生们感同身受地理解中国文化受到世界性的关注，同时，对于中国文化的英语表达的问题有着切身的体验，使其从自己的意识深处认识到中国文化在跨文化教学过程中所具有的重要意义，从而注意培养自己母语文化的英语表达能力，在跨文化交际中树立起自己对于本民族文化的英语表达的自信心，最终实现跨文化交际的目的，将中国的文化传统传播给世界，让更多的人认识理解中国。

二、消除母语的负迁移，发挥正迁移作用

其实，从本质上来说，学习一个民族的语言，就是对这一民族的文化的学习。高职英语的学习，就是在对中西方文化的学习与交融过程中，以中国学生早已有的母语文化知识为基础，导入英语民族的文化知识内容，从而使其具有双语表达的能力。并且在此过程中，对于两个民族的思维方式等方面的差异性都存在着较为深刻的认识与理解。学生的本民族语言文化，是早已

深入到学生的头脑之中的，在此基础上，文化的迁移作用，必然会发生在英语的学习过程中。那么，在高职英语的跨文化教学中营造一种合适的语言文化氛围，在突出语言知识技能的同时，也能够更好地强调其客观的文化背景、交际环境及思维方式等方面的差异性学习，从而使他们真正进入到跨文化交际中时能够得体地使用英语进行交际，避免文化冲突矛盾与交际的尴尬，这是当前高职英语教学中面临的一个亟须解决的问题。

文化迁移是跨文化交际中一个十分重要的问题，它不仅会直接影响交际的效果，有时甚至引起交际障碍和冲突，是交际过程中不容忽视的因素。不同的民族有不同的文化，不同文化之间既有联系又有区别，既有各自的个性又有普遍的共性。共性为跨文化交际提供依据和保障，进而引起文化的正迁移或零迁移；个性却构成跨文化交际的障碍，进而引起文化的负迁移。

文化迁移的主要表现，就是在跨文化交际过程中语言使用的不得体性。这种不得体性就是跨文化交际不能顺利进行、发生矛盾冲突的原因所在。对于母语的迁移作用应给予足够的重视，因此，在高职英语教学的过程中，有意识地提升英语学习者的文化素养，对于英语民族的文化知识内容进行认真的学习与理解，从而提升语言学习者的语言敏感性，以消除母语文化的负迁移作用，对于跨文化教学具有重要的意义。

（一）文化迁移的定义

20 世纪 50 年代，迁移这一概念首次应用于语言学研究中。语言迁移现象的存在及对二语习得的影响得到语言学界及应用语言学界的普遍认可。语言迁移也称语言移转。语言迁移分为两类：正向迁移（positive transfer）和负向迁移（negative transfer）。负向迁移，亦称干扰（interference），是套用母语模式或规则而产生的错误或不合适的目的语形式。正向迁移，是指有利于语言学习的转移，在母语与目的语有相同的形式时会出现这种情况（《朗文语言教学及应用语言学辞典》）（Richards）。文化迁移是指由于文化差异与外来民族文化的某些语言现象相矛盾时，他们下意识地用自己的文化准则、价值观、语言规则、交际习惯来指导自己的言行和思想，并以此标准来判断他人的言行和思想。文化迁移至少分成两种：表层文化迁移（surface-structure transfer）和深层文化迁移（deep-structure transfer）。表层文化迁移是指处于文化表层的、静态的、容易被了解和掌握的文化现象；深层文化迁移是指处于文化底层的、难易觉察的、支配语言行为的文化现象。

（二）文化迁移的分类

1. 文化正迁移与文化负迁移

文化正迁移是指通过翻译或其他形式的跨文化交流活动，使源语文化中的信息和内容很自然地被目的语文化所吸收和融合，目的语文化因此而有了新的内容，变得更加丰富。源语文化中的信息也实现了在目的语文化中的增值和传播。对文化实现正迁移，让处于不同语言与文化环境中的读者能更好地引进、吸收外来文化，并促使其本土文化发生变化，实现文化的创新和发展。文化之间存在着差异是正迁移得以实现的根本原因。中西方在历史背景、社会习俗、宗教文化、意识形态等方面都存在着极大的差异。因此，一种文化中的现象在另一种文化中就有可能根本不存在而形成文化空缺（cultural vacancy）。文化正迁移的最显著的表现就是各种语言和文化之间的相互借用，取长补短，求同存异，从而丰富了语言，促进文化的交流和进步。

由于人类的共性，人们在文化准则、价值观、语言规则、交际习惯等方面有着一定的共性。在跨文化交际中，正是由于这种共性使交际能够顺利进行。例如，人类都会经历的生理现象，死亡在中西双方都是人们较为忌讳的话题，在英汉两种语言中都有类似的语言存在。汉话中的“没了”“不在了”和“去了”等是死亡的委婉语，在英语中有相应的语言存在，如“pass away”“to go to the heaven”等。随着全球化的进一步加深，中西方相似的审美观点越来越多。现代人都以“苗条”为美，人们在谈论到“肥胖”这个话题时，都会使用相应的委婉语。中国人用“发福”和“富态”等词汇来代替“胖”，在英话中同样有“put on weight”等委婉词语。

文化负迁移是指由于文化差异而引起的使人们在潜意识层面，不仅用来指导他们自己的行为和想法，而且用来评价他人的行为和想法的一种文化冲突。文化负迁移会阻碍跨文化交际的顺利进行，导致交际误解、交际中断、交际失误和仇恨等严重后果，对外语学习也会造成一定的影响。中国人常使用的招呼用语是“你吃了吗？”中国人说这句话的目的只是问候对方，而不是邀请对方进餐。英美等国常用招呼用语是“How are you”。说这句话的真正目的不是询问对方最近怎么样，不需要对方详细回答近况。中西双方在文化方面差异很大，在跨文化交际时，我们要充分考虑到这些差异，尽量减少文化负迁移的产生。

2. 表层文化迁移与深层文化迁移

文化迁移可以分成两种：表层文化迁移（surface-structure transfer）和深层文化迁移（deep-structure transfer）。物质文化和制度文化差异是表层文化迁移产生的主要原因，从词汇文化差异、语音文化差异和语法文化差异讨论表层文化迁移产生的原因。英汉两种语言属于不同语系。两者最明显的差异是:汉字是象形文字，是意与形的结合；英语是拼音文字，词汇的生成方式是字母排列。英汉两种语言在语法结构、表达方式、修辞手法等方面存在较大的差异。这些差异是文化迁移产生的主要原因。

（1）表层文化迁移。物质文化和制度文化的差异是表层文化迁移产生的主要原因。以下从词汇文化差异、语音文化差异和语法文化差异三方面讨论表层文化迁移产生的原因。

①词汇文化差异。词汇及词汇的意义体现了它所服务的文化，集中体现了民族文化的内涵。表层文化迁移领域中，人们对词汇文化迁移研究最为广泛。对比英汉两种语言的词汇系统，词汇语言迁移分为以下几类。

一是词汇（词义）缺失现象。英汉两种语言都有各自特有的词汇。英语中特有的词汇有“cowboy”“hippy”“punk”等，汉语中特有的词汇有“粽子”“状元”“麻将”“算盘”等。中英两国都有各自悠久的历史和深厚的文化底蕴，这使英汉两种语言的词汇不能对应。词语、词义的不一一对应关系，是导致文化迁移的主要因素之一。

二是英汉两种语言有可对应的词语，但在意义上有差异，原因有赋义方式、情感色彩、生存环境和文化传统。词语的赋义方式分两类：印象式和比喻式。汉语词汇较注重印象和形象，如“墨水”“毛笔”“稀饭”等。英汉两种语言词汇的赋义方式中都有比喻式，但不同语言的参照物不同。英语中常用“lion”作喻体，如“to beard the lion”（太岁头上动土）；汉话中常用“虎”为喻体，如“生龙活虎”“骑虎难下”。英汉词汇的参照物体相同，但是有些词的联想意义不同。如汉话的“鹤”，英话中为“crane”，但汉语中“鹤”是长寿的象征，英语中无此种词汇联想意义。

②语音文化差异。英汉两种语言属于两种不同的语系，汉语属汉藏语系，英语属印欧语系。英汉两种语言在音节结构、重音和语调、节奏和押韵等方面存在差异。汉语中辅音不能连续出现，英语中可以；汉语音节的音素为一至四个，英话中最多可达七个；汉语的词汇重音没有区别意义的作用，英语词汇则有；英语的重音突出，表意功能重要；在节奏方面，汉语借助平仄，英语借助抑扬。在跨文化外语教学中，不注重母语和目的语语音系统（语音特点、发音原理和方法）的对比研究，容易造成语音文化迁移。

③语法文化差异。英汉两种语言属于不同语系，最明显的差异是：汉字是象形文字，是意与形的结合，英语是拼音文字，词汇的生成方式是字母排列。英汉两种语言在语法结构、表达方式和修辞手法等方面存在较大的差异。了解语法文化差异，是减少跨文化交际障碍的主要方法。

（2）深层文化迁移。英汉两国历史悠久，这两种古老的语言，表层结构迥异，深层文化结构和蕴含也有较大差别。深层文化是心理层次的观念文化。文化传统、价值观和思维方式等文化差异，是深层文化迁移产生的主要原因。

①文化传统。礼教和传统在汉语语用中的影响最为明显。中国人讲究等级分明、人际和谐，在等级分明的基础上人际关系和谐。中国是一个文明古国，形成中国特有的礼貌规范用语。在中国，人与人交往时通常遵守温良恭俭让的原则，以谦虚谨慎为人际交往的准则。英美人注重民主、自由和平等，做事讲究效率，人与人之间没有严格的等级划分。英国语言学家利奇（Geoffrey Leech）提出的礼貌原则与中国人遵守的礼貌原则有较大差异。

②价值观。西方的主流价值观念为美国的价值观念，即个人主义、个人奋斗、自主和独立。个人主义为美国价值观的核心。每个人都是独立的存在物，人人都应维护和取得自己的独立。其主要表现为：自我意识强烈，追求个人享受，放任个性自由发展。在人际交往中，敢于表现自我，极具进取精神。中国文化注重集体主义精神和团队精神，在人际交往中用自谦和自我否定来表示谦虚、高尚的精神。

③思维方式。中国人的思维方式偏重形象性思维，在哲学上追求人与自然的和谐统一。西方人的思维方式为分析性的，习惯于抽象思维、分析思维，把事物一分为二，认为物质与精神、主观与客观是截然分开的。

（三）导致文化迁移现象产生的因素

文化背景、思维方式、地理环境、宗教信仰的不同，都会导致文化迁移现象。如汉语中的“三个臭皮匠，胜过诸葛亮”就是历史因素带给语言文化的内容。对中国读者而言，他们都知道诸葛亮是中国历史上的著名人物，是智慧的象征。而对外国读者来说，他们就很少知道。同样，英语中的成语 meet one’s Waterloo（败走麦城）也是源于历史事件。古代中国是一个内陆的农业国家，土地至关重要，所以汉语中有许多与土地有关的词语。英国是个四面环海的国家，所以英语中与海有关的词语俯拾即是。例如：

In a calm sea，every man is a pilot（海面平静处，人人是舵手）；His mood underwent a considerable sea change.（他的情绪发生了巨变）；a sea of debt（大量债务）；be at sea（不知所措）。

美国人喜欢谈论棒球、足球和篮球，在他们的日常用语中，许多比喻与球类运动有关，比如：You have to keep your eye on the ball if you want to stay in the game.（想要打好比赛，眼睛就要看球）；dropped the ball（要做的事情没有做好）；on the ball（警惕、积极、灵活）；drop back and punt（放弃目前策略做点别的事情）；to throw a curve（做出人意料之事）；play hard ball（无耻行径）；cover the base（考虑全盘）；can’t get to first base（迈向目标的第一步未能完成），hold the line（坚定，不妥协）；to strike out（失败）。

在实践中，准确理解和运用这些具有文化特色的表达法可以增进彼此感情，避免两种语言文化由于地理环境差异而造成的负面迁移。

（四）中国文化对英语学习的影响

1. 中国文化对英语学习的正迁移

中国文化对英语学习的影响主要体现在母语上，母语是一个人咿呀学语的时候就很本能的一种语言。它蕴含了几乎一个国家文化中的所有内容：任何有意义的学习都是在原有学习的基础上进行的，有意义的学习中一定有迁移。第二语言或外语学习中竭力避免母语中介作用或迁移作用是不现实的，也是无效的，也就是说，中国学生要学习英语，不能不受来自母语的语言习惯的影响。母语作为原有的经验，它承载了中国文化的几乎所有内在，是一种新的语言学习的认知准备，不可避免地参与到新的语言学习中。

（1）母语可以减少学习者对英语的陌生感。语言专家指出，在学习英语的过程中不使用母语，会增加学习者的心理负担，对英语学习产生不利影响。在班级教学中，学生的能力和水平不一致，因此教师如果用全英语教学时只有一部分学生能跟上，没有听说基础或基础较差的学生想听听不懂，想学跟不上。久而久之，这些学生就会产生挫折感，失去信心，失去学习兴趣，不会参与课堂活动，乃至产生厌学情绪，甚至放弃学习英语。一项调查研究显示，英语知识比较薄弱的学生对全部使用英语的课堂持一种强烈的排斥心理。在那样的环境下，他会感觉自己完全被拒绝在外，不可能融入其中。时间长了，有的学生会干脆就不去上课，以及转专业甚至产生退学回家的心态。

（2）母语促进学习者对英语的理解。教育学研究表明：学习者对于新信息的获得多半是以已有知识为基础的。有的新信息本身就包含与旧知识相同的因素，而且“人的语言发展经历是一个从简单到复杂的过程，语言能力的发展是和认知能力的发展紧密联系的”。在学习外语的过程中，以母语为认知基础是不可避免的。因此，学习者可以利用他们已有的知识来学习领会英语的语言规则，从而促进英语学习。

（3）母语可以增强学习者学习英语的兴趣。学习兴趣是学习者在学习活动中的一种积极的情绪表现，一种重要的内在动力，是学习主体指向一定事物（客体）的自我活动。它不仅能使学习者积极、主动、愉快地投入学习活动，而且具有一定的智能价值。兴趣有助于对所学科目的认识，认识的深化

又有助于兴趣的激发。语言的共性决定了母语既是英语学习不可缺少的基础，又是可以利用的资源，这也是英语学习中母语的积极作用所在。迁移对第二语言的学习具有建设性和系统性。外语及文化所传递的信息必须首先经过母语文化的过滤，教授或发现影响传递信息的各种语言的、非语言的文化因素，必须以学习者的母语文化为背景，通过两种文化的比较，找到影响交际的各种文化因素，从比较中发现两种文化的共性与差异。许多实证研究表明：英语学习者在认知处理过程中依赖母语思维，特别在阅读和写作过程中，语言都是相通的，英语和汉语在语法结构上有些地方很相似。比如句子成分和句子结构，汉语和英语都有主语、谓语、宾语、定语、状语等成分和结构，学习者如果能够在学习英语之前，对这些汉语知识有所了解或有所掌握，对英语的学习会起到很好的铺垫作用。

2. 中国文化对英语学习的负迁移

不同民族有不同的文化和语言，一个民族的语言是它特有文化的载体和沉淀，也是它传统的积累。语言的使用会受到文化的制约，风俗习惯、传统和思维方式等都反映在语言之中。所以，中国学生学习英语时，会在某种程度上受本民族文化和语言的影响与干扰，往往会不自觉地把本民族的文化和语言搬到英语学习中去。但是，就是因为受传统文化根深蒂固的影响，很多中国学生在用英语同外国人交流时，往往忽略了对方民族文化的特点，因此，交流常常陷入尴尬局面，而使对方感到反感。下面从中西方国家的传统习俗、价值观念以及思维形式的不同，说明中国文化对英语学习产生的负迁移影响。

（1）不同的传统习俗。

①同词异义。由于历史、信仰、习惯的不同，人们读相同的词常常产生不同的理解、看法与评价。在汉语中有“贼眉鼠眼”“鼠目寸光”等成语，用以形容鬼鬼祟祟和目光短浅。老鼠在英语俚语中则可指女人、怕羞的人，尤其在儿童心目中，更是机智、智慧的象征。至于骡子，在汉语中，“寿命长，体力大”是它的特征。英语中，骡子是“顽固”（stubborn）的代名词。再如，“龙”在中文中是神圣的象征，是中国人的图腾。许多关于龙的词语如“龙的传人”“中国龙”“龙飞凤舞”“龙腾虎跃”等，都体现了中国文化对龙的崇敬与喜爱。然而在西方，龙是凶恶和罪恶的象征。因此，英美报刊中对“亚洲四小龙”的翻译经过文化转换后译为“Four tigers of Asia”而不是“Four dragons of Asia”。外国人多对狗、猫、鼠等小动物宠爱有加，体现在他们的文化里，就可能经常出现“you are a gay dog”或“he is a lucky dog”之类的赞美。对于中国人而言，多年的文化积淀会使你开始时很难接受对方的这种比喻和赞叹。再如对颜色的理解，乍一看，“the blue-eye boy，to be green eyed，green hand，in the black，gray mare”等词是很让人费解的，各自对应的译法分别是“红人、嫉妒、没经验的人、不欠债、母老虎”。因此，不少受到负迁移影响的中国学生抱怨有些英文翻译成的中文感到无法理解。的确，如果只站在自身的文化立场上，恐怕是永远也不会理解这些词组的。

②礼貌用语不同、文化习俗的差异同样造成礼貌用语方面的差异。恭维语的使用是建立和谐人际关系的一个重要手段。这里所说的“恭维”不是出于讨好对方的目的而去称赞、颂扬，而是指社会交往中对人对事的一种积极评价。对恭维语的回应是被恭维者对恭维的语言行为采取合作态度，使交流得以继续，达到建立和谐关系的目的。在英美文化中，赞美人们的容貌、服饰、发型、言谈举止、素质修养等被视为礼貌之举，常常赢得对方的欢心和喜爱，特别是女性，“How charming you are tonight!” “What a beautiful dress you are wearing!”等颇受女性的欢迎。因此，英美人常常把恭维挂在嘴上，如“Your handwriting is very good.” “You are a good cook.”等。在汉文化中虽然也存在恭维语，但范围和程度却有别于英美，特别是女性，一般不习惯异性对自己的恭维，尤其是对同龄异性的恭维，认为他们不怀好意。因此，很多中国学生在用英语交际时，很少有意识地夸赞对方，这就很明显受了文化负迁移的影响。

自谦语。中国文化一向把谦虚视为美德，所以当一个人受到赞美和夸奖时，总要客气一番，说“哪里哪里”“不敢当”“我不行”“还差得很远”之类的话。受到外国朋友夸赞：“Your English is very good!”（你的英语讲得非常好！）中国学生可能会立刻做出“自贬”性的回答：“Oh，no，no，no，my English is quite poor.”（喔，不，不，不，我的英语非常差。）此乃中国人传统的谦虚作风所致。殊不知，此番回答往往让对方领会你的“言外之意”，显然使得外国人认为中国学生说他没眼力。如若外国人，他的回答必定是：“Thanks.”

致谢语。英美人比较习惯在各种场合说“Thank you”，中国熟人间则很少说“谢”字。西方人得到中国学生的帮助，向他们表示谢意时，中国学生常常为表明很乐意提供帮助而说：“这是我应该做的。（It’s my duty.）”不幸的是，对于外国人而言，这样的回答似乎在暗示提供帮助是你的责任。在这种情况下，西方人会说：“Don’t mention it.”（不值得一提）或者：“I would love to.”（很高兴这样做）。

称谓语。西方人在很多场合习惯直呼其名，还有英语中的亲属称谓一般都比较笼统、模糊，不论辈分大小，一律按名称呼；但汉语中的亲属称谓却十分讲究，尊老爱幼，总要分得清清楚楚，否则被视为不懂礼貌。

（2）价值观念系统的差异。不同的文化有着不同的价值体系，由于价值观念取向不同，也常常引起文化迁移，这是中国学生学习英语时需要注意的。

中西价值观念的不同主要体现在东方的集体主义和西方的个人主义。西方的个人主义（individualism）并不是贬义词，这种价值观念重视自我努力、个人利益和隐私。隐私问题是汉英文化交际中十分棘手的问题，因为中国人同英美人的“隐私”内容差别很大。告辞的时候，中国人习惯说“慢慢走”“路上小心”。如果对西方人说“walk slowly”，他们会产生误解，甚至可能生气，因为他们会认为怎么走是自己的事情。这样的话是侵犯了他们的隐私和自由，当然不高兴。再如，对一个感冒打喷嚏的英美人说：“You have caught a cold.You must put on more clothes.”也会引起对方的不悦，因为穿衣服是他们的私事。他们可能会以“It is none of your business.”来回应。中国学生用英语交际时，要随时注意这些不同之处，以免出现尴尬的场面。

（3）思维形式差异。语言承载思维，反映人类的思维模式、心理特征和民族文化。思维支配语言，语言的运用，体现不同的语言风格与修辞方式。中国的思维方式具有整体性的特点。汉式思维的整体性决定语言由面到点、由整体到个人的倾向。如在篇章的组织结构方面，汉语篇章主要呈螺旋形，表现了中国人那种含蓄、委婉、间接、迂回等特点。英美人的思维方式具有个体性的特点，强调个人意见的表达，说起话来自信、明了，所以在语篇上往往表现为开门见山、切入主题。中国学生在写英文作文时受到这种汉文化思维的影响，写出的英语文章让英美人觉得结构松散，主题不明确。

（4）母语的影响。由于语言之间存在许多共性，母语迁移会对英语语言学习给予一定的帮助。同时，由于语言之间存在差异，母语迁移也会影响到英语语言的学习，给英语语言的学习带来一定的困难。这种影响体现在英语语言学习的方方面面，出现在语言的各个层面，如语音、词汇、语义、句法等。

（五）有效消除母语文化负迁移作用，充分发挥正迁移影响的举措

在进行高职英语跨文化教学时，努力预测可能发生的母语文化的负迁移作用，在进行英语民族文化同母语文化的比较分析过程中，尽量减少母语文化的负迁移作用，积极并充分地利用母语文化所具有的正迁移影响，提升高职英语学生的跨文化交际能力。那么，如何在高职英语教学过程中较为有效地消除母语文化的负迁移作用，充分发挥正迁移的影响，具体可以从以下几个方面进行：

1. 重视英汉语言文化与高职英语教学的关系

对于所学语言文化的熟悉，有助于得体使用这一语言的整体性。因此，这就提醒我们的高职英语跨文化教学过程中应该对于英语与汉语之间的文化

因素给予足够的重视，提升学习者对于两种语言文化的敏感性与适应性，树立起相应的文化意识与文化观念，我们的高职英语教师在传授语言知识的同时，对于文化知识内容也应该给予相当的重视与关注，并且能够根据学生已有的文化水准设计自己的教学内容，确定文化教学的相关知识。而且，要明白在文化知识的传授过程中，教师始终都是一名组织者与指导者的身份，切忌为学生大包大揽，面面俱到。

2. 高职英语教学与文化教学相结合

语言，是一种音义结合的符号系统，会随着社会、文化及时间等方面的变化而产生相应的发展变化，在高职英语跨文化教学过程中，要根据英语语言的语音、词汇、句法及语篇等一些较为具体的方面来构建我们的文化教学。通过具体的听说读写及看视频录像、举办英语文学讲座等实践性活动，来引导学生们对于英语民族的文化知识内容进行实践性认识与理解。除此以外，还可以通过对两种语言之间存在的语法、句法、结构、文化内涵等方面内容的对比，来帮助学生形成跨文化交际意识与文化敏感性。通过比较，选出那些具有主流文化代表性与深蕴着文化主题的文学精品的材料，来进行专门性的解读，以促进高职英语跨文化教学的效果提升。

3. 高职英语教学要培养学生的文化意识

在语言的语音、语法、词汇、篇章及对话乃至于认知模式等方方面面，都深蕴着一个民族的文化内容。高职英语跨文化教学过程中，教师应该引导学生遵循循序渐进的原则，有选择、分阶段地进行英汉文化的系统对比，而不是盲目地对西方文化全盘接受。这样，才能够培养起学生们有意识地、有目的地了解和认识英语的思维模式与认识模式，并接受之。

对于这一点，就要求我们的高职英语教师能够做一个有心人，善于搜集整理那些包含着英语民族文化背景知识与社会风俗惯例的实例。事实上，很多语言材料都是朋友家人之间的相互来往接触与对话。如果我们在教学中结合视频语音资料，引导学生如同进入到一个真实的面对面对话的场景中，然后运用这些视频语音材料进行教学，教师有意识地指明对话中应该遵循的文化规约，这样使学生对英语文化有着更进一步的理解与认识。这种以讲授文化背景知识的方式进行的文化教学，不仅仅能够使学生们对于文化有更深一层的理解认识，同时，还能够极为有效地提升高职英语跨文化教学的教学效果。

此外，有意识地鼓励引导学生们进行课外学习，可以利用课余时间有选择性地观看一些光盘录像影视作品，在西方的一些独具特色的节日，如圣诞节等举行一些具有西方文化特色的课外活动，将学生们带入到真实的西方文化环境之中，使大家更为真切地认识西方的文化传统与习俗，从而培养学生

们良好的跨文化意识与学习习惯。

三、树立语言、文化平等观，加强学生文化移情能力的培养

任何一个民族的语言与文化，都有其产生的渊源与理由，它们之间是平等的，没有高低贵贱之分，都是世界文化的重要组成部分。因此，高职英语跨文化教学过程中，教师一定要注意培养学生树立起语言、文化的平等观念，引导学生对于世界各民族的文化特性给予重视，从而提升高职的多元文化的意识，强化学生文化移情能力，引导学生们能够用一种平等的观念与视觉来看待本土的母语文化与异族文化，用科学的态度对待母语文化与异族文化之间的差异性与平等性，消除观念中的大文化观，使学生们明白，对于本民族的母语文化过分的自信或者是过分的妄自菲薄都不是正确的态度。

（一）树立平等意识

要明白，不同的民族与不同的文化之间的相互交流，对于丰富彼此的文化内容具有很大的作用。但是，这种彼此之间的交流，要建立在平等的基础之上。首先学生要明白，不同文化之间的交流产生的相互碰撞与误解，这是很正常的事情，关键是如何处理好这些源于不同文化产生的碰撞与误会。

在不同的民族文化之间的交流与合作过程中，交际双方要本持着一种彼此了解、尊重的态度来对待文化，并且能够宽容地对待彼此文化之间的差异性存在。只有具备了这样的态度，才能够真正实现不同民族文化之间的交流与合作。跨文化交际，是在两个或者两个以上民族之间发生的文化交流，因此，交流的双方最好能够对彼此之间的文化特性有着较为充分地理解与认识，能够充分地尊重彼此的文化习俗，相互理解，共同交流。在高职英语的跨文化教学中，要注意培养树立学生们的文化平等意识，要明白，文化交流的双方都是平等的，民族文化之间没有高下之分，任何权威性的民族文化或者文化霸权主义的观点与态度，在跨文化交流中都是错误的表现。

无论哪一个民族的文化，都是有着其自身生成发展的原因的，因此，任何一种文化凌驾于另一种文化之上的态度，都是错误的。对于民族文化之间存在的差异性，要能够将其进行很好的协调，使其达到和谐统一，从而实现共同发展的目的。不同的民族文化之间的相互交流，必然会促进彼此共同发展创新。如果世界只存在着一种文化，那就根本无所谓发展了，更不会有新文化的产生。事实上，文化只有一方面保持自己独有的个性特色，另一方面又能够和其他文化相互促进彼此融合共同发展，这样才能够形成一种动态的平衡。

我们进行高职英语的跨文化教学，这是当前跨文化交际的需要，具体目的如下：其一，能够顺利地同英语民族的人进行交流，更好地认识理解英语民族文化的精髓；其二，能够准确流畅地用英语对本民族的母语文化进行传播，使世界各民族的人民对于中国的传统文化有着更好的理解与认识，从而有效减少跨文化交际时可能发生的矛盾冲突与误会。那种放弃了发扬传播本民族文化而单向地学习吸纳异族文化的态度是错误的。任何一个民族的文化都有着其各自的优点与长处，都是这一民族的人民在漫长的历史发展过程中总结积累下来的经验总结。伴随着各民族经济政治发展的全球化态势，各个民族的文化发展也呈现出多元化的特征。因此，在跨文化交际过程中，每一种民族文化都应该注意不断地从其他民族的文化中汲取精华，取长补短，来不断地丰富补充自身文化的不足。高职英语跨文化教学过程中，一定要注意学生对西方文化的学习，因为西方文化对于中国的学生来说，是一个完全陌生的知识，但是，在学习西方文化的同时，也要杜绝唯西方文化独尊的观念，而轻视或者是忽略了对于本民族文化的关注。跨文化交际，要以平等的观念与态度对待交际双方的民族文化，这样才能够更好地取长补短，进行交流，实现合作，达到共同繁荣。

这是一个文化多元化的发展的时代，为了适应这一时代特征，我们必须引导我们的学生能够打破母语文化与英语民族文化的禁锢，以一种包容的姿态来对待异族文化，对于不同民族文化之间的差异性，能够做到宽容、理解、尊重，并且积极地在不同之中寻找相同之处，建立起语言文化平等的观念，在处于动态的跨文化交际过程中，对于文化的参考框架进行随时调整，彼此之间相互协商，积极构建跨文化交际的平台，从而顺利实现跨文化交际的最终目标。在高职英语跨文化教学过程中，应该积极推动学生接触多种民族文化，以便更好地增长学生们的文化见识，而不是仅局限于对英语民族文化的认识与学习。培养学生动态的、主动适应多元化交际的意识，是高职英语跨文化教学培养跨文化交际人才的最终目标。

（二）培养学生文化移情能力

1. 文化移情

所谓的文化移情，是指跨文化交际过程中，交际者能够以目的语言的思维观念来看待问题，用对方的立场观点来思考交际中出现的事物，交际者能够有意识地超越本民族母语文化的思维定式，超越母语文化对于自己思维观念的制约，从而能够以一种超越的观点态度来对待、感受、体验、理解目的语言的民族文化。在跨文化交际过程中，文化移情是一种极为有效的沟通交

流能力，是能够将交际者的语言、文化与情感连接起来的桥梁纽带。

鲁本（Ruben）曾经说过，有效的跨文化交际中，文化移情能力是指交际者尽量置身于另一种文化情境中，以另一种文化的思维模式去设身处地地思考，通过语言及非语言的形式去体验、表达，从而向交际对象表明自己已经完全理解了交际的内容。具体来说，文化移情主要有两个方面的表现，一个是语言语用方面的移情，也就是指说话者有意识地使用某种语言向交际对象表达或者是传达自己的某些意识，以便使倾听者能够正确地理解自己想要表达的意思。另一个是社会语用方面的移情，指交际者双方都能够立足于对方民族文化的观点与思维方式上去看待事物，设身处地为对方着想，能够尊重彼此的民族文化习俗，对于两种文化之间存在的差异性，也能够以足够的宽容态度去面对。一个具备文化移情能力的人，一定是一个能够与时俱进的学习者与具有开放的文化价值观念的思考者。

可以毫不夸张地说，文化移情能力对于跨文化交际的成败有着直接的相关作用。因为跨文化交际双方之间存在的文化性差异，交际双方在各自的民族文化成长环境中形成了各自的思维模式、价值观念、风俗习惯、宗教信仰等方方面面的固定模式，因此，在进行跨文化交际时发生一些矛盾冲突是不可避免的，但是，对于那些具有较强文化移情能力的人来说，发生矛盾冲突时，就能够以对方的立场来看待解决问题，从而较为有效地避开容易发生冲突的地方，使跨文化交际能力顺利进行。

2. 文化移情的必要性

人类社会出现之后，人类的生产实践活动逐渐地向着一个更为深入广阔的层面进行。

每一个民族都是在一个相对独立的社会生产实践的环境中来完成各自民族文化的生成发展的，因此，不同的民族文化，都有着极为鲜明的民族特色。每一个民族的文化，都是在自己民族的丰沃的土壤中发展成长起来的，在发展的过程中，被打上了独属于自己民族的鲜明的印记。而且，每一个民族，无论是社会的政治、经济还是文化、制度，都必然在社会历史的发展过程中形成自己民族的特色。同样的，这些不同的民族之间，必然要在民族意识、民族文化等方面呈现出一定的差异性。在跨文化交际中，最容易产生的问题，就是交际者由于长期浸渍于自己民族的文化意识氛围中，已经习惯了从本民族母语文化的交际模式、思维方式及语言表达习惯等。这样，在进行跨文化交际时，若是不具备相当的文化移情能力，就很容易以本民族的母语文化意识、交际方式来同其他民族的人进行交流，在产生矛盾冲突时，也很容易以自己民族的思维习惯、价值观念来看待解决问题，从而加深彼此之间的隔膜与误会。举例来说，在中国的文化传统中，如果获知亲朋好友生病住院，那么，在第一时间赶到医院去对亲朋好友进行问候，那么，对方也会感觉到很温暖。可是，在西方英语民族的文化中，则认为朋友住院，对于生病的人来说，最好还是少去打扰，让对方安静养病比较重要。因此，在这两种不同的文化中，若是不理解对方的文化习俗，发生冲突误会就是不可避免的了。就如美国朋友住院，中国朋友在不了解习俗的情况下热情洋溢地去医院看望，反而好心招反感。因此，对于跨文化交际的双方来说，只有具备文化移情的能力与意识，才能够在进行跨文化交际过程中尽量减少误会与矛盾冲突，从而保证跨文化交际的顺利进行。

就目前我国的高职英语学生们来说，多数同学在一定程度上能够认识到文化移情的重要意义。但是，因为长期以来受到本民族文化的影响作用，还不能够完全立足于英语民族的文化视野去看待思考问题，缺乏一种文化移情的自觉性，还不能够彻底做到对英语民族的文化习俗进行完全的尊重，不能够用一种彻底宽容的态度对待中西方文化之间存在的差异性，做到完全的换位思考。这表明，我国当前的高职英语学生对于文化移情能力，还不是很充分，缺乏一定的自觉性，仍然需要再进行强调突出。

3. 文化移情能力的培养

文化移情能力的培养，首先是对学生文化敏感性与宽容性的培养。交际者首先应该客观地正视跨文化交际双方之间存在的文化差异性，因为这种文化的差异性而导致的彼此之间的价值观念、思维方式、宗教信仰、文化习俗等方面的不同。为了保证跨文化交际的顺利进行，那么就需要交际者对于交际对象的社会文化中所遵循的交际规则、语言表达方式等有着深入的理解与认识。跨文化交际中的敏感性的提升，其实主要就是对于交际对象的文化敏感感知性的提升。我们之所以在跨文化交际过程中比较容易产生误会冲突，首先就是因为在文化感知方面出现了问题。跨文化交际研究理论认为，有五种社会文化因素，这五种社会文化因素分别是信仰、价值观、心态系统、世界观和社会组织，共同作用并对人类的感知产生着极为重要的影响。但是具体来说，移情能力的培养，最好的方法就是到目的语言的国家去生活一段时间，这样可以从方方面面对这一民族有一个全面的体验与认识。就像语言的使用，究竟有什么样的风俗习惯、文化传统需要遵循，等等。若是没有能够到目的语言国家去生活体验的机会，那么尽量通过观看目的语言国家的视频录像等方式来弥补一下不足，通过影像资料对目的语言国家的民族文化习俗等有一个较为全面的理解与认识。要知道，任何一个民族的文化，都有着其漫长而又悠久的历史积淀，是一个民族智慧与实践经验的总结，因此，语言是没有

高低贵贱的分别的，我们应该以一种平等的眼光与价值观念来对待不同民族的语言。在跨文化交际过程中，进入交际的双方，应该用一种平等的态度来对待彼此的文化传统，更好地理解认识异国文化，并且对其持有尊重包容的态度，超越自我民族主义思想观念，这样，才能够真正实现文化移情。

具体来说，跨文化交际过程中的文化移情过程可以按以下六个步骤进行：

（1）承认文化的差异性存在。我们生活的世界是一个多元化的世界，根据不同的人看待世界的眼光的不同，世界呈现出不同的面貌，因此，无论是个体还是文化之间，都存在着很大的差异性。

（2）认识自我。能够对自己进行客观公正地评价与分析。

（3）悬置自我。想象自己是任意的界域，能够超出自我与世界的所有部分。

（4）体验对方。将自己想象成目的语言对象，能够设身处地、真正进入到对方的立场去体验、理解目的语言的文化。

（5）准备移情。充分做好移情的准备，与时俱进地持有一种开放的文化价值观念与态度来对待。

（6）重建自我。在充分接受并且认识另一种异族文化的同时，对于本民族的母语文化也有着相应的清醒的认识与对待，对于本民族的母语文化优势有着清醒的认识。

总而言之，文化移情是多元化文化发展交流中实现顺利交流最为有效的途径，若想在跨文化交际过程中超越不同民族文化之间的差异性障碍，顺利进行文化交流，文化移情是其必要的渠道。因为不同的民族文化，彼此之间都具有平等性，因此，文化移情也要遵循着一个适度的原则。任何一个民族在跨文化交际中都有权利维护本民族的文化尊严，做到不卑不亢。

在高职英语跨文化教学中，对于学生们的文化移情能力的培养应该给予足够的重视，这是高职英语教学的一个重点。我们的高职英语教师在正确的移情理论的指导下，充分利用课外时间，通过设计各种英语跨文化交际实践情境，将学生带入到真实的跨文化交际场景中，锻炼学生们的语言运用能力与英语民族的文化知识认识理解能力，诸如此类的实践活动很多，如英语演讲比赛、英语歌曲比赛、办英语手抄小报等等。而且，随着网络的发展，学生们还可以通过网络同外国朋友视频、聊天等。这些活动对于增强学生们的文化移情能力、培养大家的文化移情意识具有极大的促进作用，从而培养我们的高职英语学生在多元化的全球发展态势中，能够顺利地进行跨文化交际。

四、建立跨文化交际意识，提高文化认同度

通过高职英语阶段的学生，相信多数学生都能够组织英文句子进行交流

沟通，但是若想做到用地道的英文来进行表达，那就有些不可能了。究其原因，就是因为忽略了语句中的文化因素的存在。有时导致的文化交流的失败，就是因为没有能够使交际双方在交际过程中得到文化的认同。

所谓文化认同，其实是一种归属感，是个体对于自己所处的社会群落的文化产生的一种依附性与归属感，个体在此基础上获取属于个体的文化并且对其加以保留与丰富的一种社会文化心理过程。文化认同涵盖的面极为广泛，包括社会价值规范、宗教信仰、文化观念、思维方式、风俗习惯、语言、艺术等多方面的认同感。伴随着国际交流与合作的日益紧密，各民族在发展壮大创新自己文化的同时，对于其他民族的文化，也在潜移默化地接受并且受到一定的影响。各个民族在同其他民族的交流过程中，必然对自己民族的文化同异族文化之间的异同进行着不同程度的比较与认识，在此过程中，为了更好地寻找到彼此对话交流的平台，必然要意味着放弃一些民族文化中原有的规则与习惯，以达到求同存异的目的。与此同时，要不忘坚持自我民族文化的认同感，以求在跨文化交际过程中保持本民族的文化意识，为母语文化的生存发展求得相应的权利与位置。

文化认同，是人类在对大自然认识的基础上的两种升华性的认知，对人类的价值取向、认知过程产生较大的影响作用，是以人类对于文化内涵产生的共识与认可为基础的。因此，文化认同经常作为跨文化交际过程中的语用原则来对具体的交际活动进行有效的指导。

在高职英语跨文化教学过程中，教师应该积极主动地在英语教学的过程中对中西方文化进行对比，并且将中国文化的介绍作为重点内容，使我们的学生能够对本民族的优秀文化传统有着清晰的认识与理解，并且培养他们将本民族优秀文化传统传播给世界各个民族的意识，从而树立起大家用英文对中国传统特色的文化进行表达的积极性与责任感。对于本民族的文化，人们最经常出现的问题就是因为是在一种潜移默化的状态中接受的本民族文化，所以常常会缺少一种反思性。即使偶尔对于一些文化现象有所怀疑与思考，但是，又可能会因为较为繁杂的文化问题而止步。在高职英语跨文化教学中融入中国传统文化教学，最主要的目的就是强化学生对于本民族的母语文化的认识与理解，帮助大家能够对本民族的文化有着一个理性的认识与判断，防止形成大民族中心主义思想，从而培养起学生们开放的、灵活的思维模式。

第五节　跨文化交际能力培养的行为体系

从跨文化交际能力的行为层面来看，可以分为解决问题的能力、建立关

系的能力及在跨文化交际中完成行为的能力。交际者所具备的良好的个人文化适应能力与互动能力，是跨文化情境中顺利完成跨文化交际任务的良好保证。而在高职英语跨文化教学过程中，教材的选用以及教学策略的运用，对于培养学生跨文化交际行为能力，具有较为直接的影响作用，甚至是完成跨文化交际任务的关键因素所在。

高职英语跨文化教学所用的教材，是教学的主要内容承载者，对于师生的教学来说，是主要的依据与导向，高职英语跨文化教学任务的完成，高职英语教材则起着关键性的作用。

就目前我国的高职英语学生的状况来说，可能他们对于英语民族的文化传统、宗教信仰、风俗习惯、价值观念、思维方式等方面的了解与认识，其实是非常不充分的，这同我们目前高职英语教学中教材的编写与选择，有着极为直接的关系。

这样，高职英语跨文化教学在选取教材时，就需要既考虑到提升学生们跨文化交际能力所可能涉及的各个方面，同时，又要能够通过多种形式的练习题设计，将复杂的跨文化交际中所需要的各种技能与知识融入其中进行锻炼。比如，从跨文化知识的导入开始，来解释语言表达中所深蕴的文化内涵，从而拓展和文化有关的知识内容。通过对具体案例的分析与点评，来培养学生的全球文化意识与跨文化的敏感度。通过真实的情境扮演与角色分析，来引导学生体验跨文化交际中可能出现的文化冲突与矛盾，从而增强学生们的文化分析能力与判断能力。通过真实的新闻媒体的报道等方式，来锻炼学生对于跨文化交际中的生活场景或者是工作场景中可能出现的跨文化问题，提升学生们解决跨文化冲突的能力。如果我们在当前的高职英语跨文化教学过程中忽略了实践的教学环节，那么，可能只能培养学生的跨文化交际意识及文化敏感性，却并不能够提升他们的跨文化交际能力。只有带领学生进入到真实的跨文化情境中，引导学生们进行真实的跨文化体验实践，才能够真正使大家培养跨文化交际意识，并且将这种跨文化意识和敏感性切实转换为跨文化交际能力。因此，这就需要：

一、教材应体现文化内容与语言内容的自然融合

高职英语跨文化教材内容的编写与安排，最好能够以文化作为单元，教材中的每一个部分都有一个鲜明突出的文化主题，通过语言的运用，在潜移默化的文化氛围中影响感染学生，熏陶学生，使大家在文化的浸染中熟练地掌握英语民族的文化与语言的使用规范。语言内容同文化内容的有机结合，是跨文化交际外语教学的核心思想。语言同文化都是教学的目的与手段，两

者不可分割。教材中，系统的文化主题构成主线，语言教学的内容实际上同这些文化内容融为一体。

在教材的编写内容及安排上，一定要注意考虑高职英语跨文化学习的学生们所置身的环境、语言的需求，以及其所拥有的知识结构与层次等多方面的因素，其中应该蕴含着有关英语民族宗教思想、社会风俗、历史文化、人文价值观念等方方面面的知识内容，对西方不同的国家的文化知识与中国的传统文化进行比较性的介绍说明，在比较学习研究的基础上，引导学生们认识理解中西方文化存在的差异性。

与此同时，我们高职英语跨文化教材的编写与安排，还要注意关于培养学生批判性思维方面的技能。对于英语民族的文化传统及事物，能够用一种批判性的审视目光与思维方式进行接受，从而更为深入地体验感受母语文化同英语民族文化的差异，帮助学生们建立起怎样才能够更为有效地进行文化沟通的能力。教材所选的内容要积极向上充满正能量，它是人类共同的优秀精神文化财富并通过潜移默化的形式传授给我们的学生，对学生们的价值观、人生观等形成正面的积极的影响作用。

具体来说，在高职英语跨文化教学的教材内容选择方面要把握好以下几点：

第一，选取那些和英语国家有关的历史文化、经济教学、民族风俗等方面的知识内容，这对于学习者更深入地理解认识英语民族的文化特色有一个全面的帮助。

第二，从母语文化中选取一些较有文化特色的侧面介绍，以便帮助学生们更好地从较深的层面进行英语民族文化与母语文化的比较，从而更好地培养大家对于母语文化同英语文化之间的差异性的敏感度与感知能力。

第三，努力拓宽文化比较的涵盖面，在选取内容时不要局限于母语文化同目的语言文化的比较，同时还可以关注主流文化同非主流文化之间的比较，使学生在意识中将主流文化和非主流文化放置到同等的地位进行理解与尊重。

二、教材内容的安排应循序渐进且多元化

任何一个民族的文化都具有一定的动态性、复杂性与多层面性，因此，我们在编写安排教材内容的时候，不能遵循古板的教学内容与原则，特别是在跨文化背景下高职英语教材的编写，其所选内容要有一个循序渐进的过程，要注意较强的可操作性，可以弹性循环进行教学。只有如此，才能够引导我们的高职英语学生们在体验英语民族的文化时有一个不断加深与理解的过程。

教材内容的程度深浅也要有一个渐进的循序过程，逐渐由表及里，由浅

入深，由具体到抽象。课程的内容安排能够使其在不同的教学阶段以不同的形式重复出现，范围随着课程内容的由浅入深而逐渐扩大拓展。还要注意，在跨文化教材编写时，需要遵循系统性、一致性、层次性、前沿性、时效性的编写原则，要与时俱进，既能够体现西方文化的精神特质，同时也能够反映出我们这个伟大时代对于人才需求与培养的变化，将人文关怀与素质培养很好地结合起来进行。

三、教材内容的选取要注意真实性、语境化、多样化

只有在真实化的语言教材的基础上，才真正能够刺激到学生对于所学内容从认知、心理、态度、行为等方方面面产生一定的反应与感受，才使学生具有较为真切的跨文化交际的体验感受。我们这里所说的教材内容选择的真实性，指的是所选内容在现实生活当中是切实用到的，而不是只为教学设计出来的。语言同文化之间的密切关系已经是被大多数学者专家认可的事实，无论哪一个民族的语言，是根本不可能离开其所产生发展的文化环境而单独存在的。只有充分地考虑到语言所置身的文化环境，才能够对语言有一个深入的理解与认识。

因此，我们在编写安排跨文化教材的内容时，就应该注意选取那些和学生日常生活密切相关的或者是学生们重点关注、感兴趣的热点问题与内容，不仅要具有真实性与情境性，同时还必须具备相当的文化性与人文精神性。

也就是说，高职英语跨文化教材编写选择的内容应具有原汁原味顺畅自然的英语文章，主题紧扣有关东西方文化差异性、沟通技能等方面，语境尽量为英语民族语言运用时的真实语境，总而言之，所有的文化信息都是有关文化系统中的意义信息。

此外，在教学过程中，还要设计大量的同跨文化交际有关的练习题，练习题的设计要涵盖跨文化交际意识与技能培养等方面的内容，通过实践性的案例来锻炼学生们的语言运用能力、文化知识的掌握及对于现实语境的适应能力等。还可以结合具体的跨文化交际案例的模拟，来培养学生们在跨文化交际中所需具备的文化敏感性、宽容性及面对跨文化交际过程中出现问题时的处理灵活性。

高职英语跨文化交际教材的编写，还要注意能够将跨文化交际过程中动态的人际关系和知识内容及跨文化交际实践具体结合起来，内容能够从多个角度、多个方面体现跨文化交际特性，注意选取问题时的多样性以及回答问题时的灵活性处理。举例来说，在具体的跨文化交际中，必然要涉及语言知识与非语言知识方面的内容，不同的国家有着不同的文化特性。在同母语比

较时呈现出来的差异性也是不同的，不同的民族，其思维方式、价值观念等方面也必然呈现出同母语文化不同的特性，此外，大民族中心主义思想、思维习惯等，也必然要对跨文化交际产生一定的影响作用。跨文化交际能力的建构与培养，其侧重点是对学生们的文化相对论观念的塑造，以便使他们进入跨文化交际实践过程中的时候，面对着可能产生的文化矛盾与冲突，能够迅速调适自我的情感与态度，进行换位思考，对于跨文化交际过程中的文化多元化问题持宽容友好的态度来面对，从而使学生们能够更为深入地对异族文化有所理解认识，突破文化单一的局限性，使学生能够较为充分理解语言和行为、价值观念同行为规范之间存在的紧密关系，帮助大家透过书本知识进入到真实的现实生活当中，从而从更为本质的层面来认识理解母语文化和目的语言民族文化之间存在的异同及其根源所在。最终目的就是培养起学生们在面对异族文化时应该具备宽容、开放的态度。对于异族文化、价值观念、思维方式、社会风俗等能够用一种对方的角度来思考解读。最后再通过各种案例模拟训练，使学生们在课堂上能够真切地感受体验跨文化交际的实践情境，从而为将来学生们进行跨文化交际时可能出现的问题提供应对解决的方法策略指导。

四、增强教材与练习的编排设计，推动学生自学

高职英语跨文化教材在编写的时候，不仅要注意教材编写内容的趣味性，同时还要具有一定的目标针对性，有助于教学目标设定的一目了然性，能够使学生有一个明白透彻的理解与认识。对练习题的设计与安排，一定要注意对讨论自由发挥练习题的设计安排，给学生一定的自由发挥空间，使大家能够自己对文化因素进行分析判断，在这种互动的练习题中提升学生跨文化交际练习的积极性与参与性。同时，练习题的设计，要重点放在情境实践中，引导学生们在身临其境的实践体验中去感受、体会，去分析、理解句子语言的运用，从而培养大家自主学习的自觉性及能力。

高职英语跨文化教学常常用到的教学方法可以有比较法、课堂讲解法、实践法等，同时，还可以充分利用文化讲座、文化包、模拟游戏等多种课外补充的方法来增强学生对教材中的文化内容的理解与认识。因此，在编写高职英语跨文化教学的时候，要注意教材文化内容的选择同教学方式灵活配合，从而使高职英语跨文化教学的形式更加多样化，以促进学生学习的兴趣与接受程度。

第六节　高职英语教学策略的运用

随着国际交流的日益频繁，跨文化交际成为当下时代的一个重要特征，因此，在这样的情势下，高职英语教学也面临着前所未有的挑战。培养具有高素质的跨文化交际能力的人才，已经成为21世纪背景下高职英语教学的一个主要目标。而对异族文化所具备的一定的敏感性与洞察力，以及自身所具备的跨文化意识的自觉性，都是一名跨文化人才所必备的素质与修养。因此，对于跨文化背景下高职英语教学策略进行大力度的研究，培养高职英语学生具备高素质的跨文化交际能力，已经成为当前跨文化教学的重中之重。为此，就需要加强教师的跨文化训练。

全球一体化的发展态势，使各个民族与国家的语言的发展，有可能挣脱原有的社会文化发展环境而前行。对于一种语言的非母语文化情境中的使用，其必然要经历一个再语境化的过程。在此过程中，这一语言是在一种完全不同于其母语文化所置身的环境中发生关系并相互作用，从而形成一种不同于母语文化的新交际模式。而且，发生这种变化的，不仅仅是语言所置身的大的文化环境，而是包括从本民族的文化与社会到地方文化和社会方方面面的各种交际环境的变化。因此，在进行跨文化交际时，使用这一语言的异族交际者总是有意或者无意识地将本民族的文化思想观念、行为模式、使用习惯等融入该语言的使用中，从而导致语言使用时小环境的变化。不管怎样，一个民族的语言，只要在使用的时候脱离了其所置身的母语文化的环境，发生再语境化，那么，这种语言就必然要同其使用的地方文化发生关系。正因为如此，高职英语跨文化教学过程中对于跨文化能力的培养，才成为可能，并有其必然性。

一、跨文化训练的目的

在过去对于跨文化研究的基础上，我们可以总结出，跨文化训练的目的，主要有三个方面：使个人的思想、感情及个人行为发生改变。

（一）改变个人思想

跨文化训练的认知目的是使参与者的思想有所改变，从而使其达到四项目标，即：能够站到目的语言民族的文化思维角度来认识理解目的语言民族的行为活动；减少对于目的语言民族的负面印象；尽量减少对于目的语言文化的简单化看法，并且尽量寻找一套有效的、系统的方法来对目的语言的民族文化有着更为深入一层的认识与理解；通过长期跨文化训练，使接受训练的人能够在意识行为中培养起一种“世界性开放心灵”的交际思维，并且能够对本民族的母语文化同样有着较为深层次的认识与解读。

（二）改变个人感情的反应

跨文化训练在情感层面的训练目标是能够培养起参与者在同目的语言民族进行跨文化交际时，建构起正面的积极的情感建设。在这个过程中包括五个方面的改变：培养参与者能够从心理产生一种欣然的愉悦心情同来自不同民族文化的人进行互动；对于交际者在和来自不同民族文化的人进行跨文化交际互动时可能产生的焦虑心理进行自我调节与去除；能够建构起在和来自不同民族文化的人建立工作关系时的感受；对于被分配的海外任务能够欣然接受并且发自内心地热爱；对于不同的民族之间存在的文化差异能够以宽容、包容的态度来欣然接受。

（三）个人行为上的改变

跨文化训练在个人行为层面上的训练目标是通过有效的跨文化训练，使受训者的个人行为有所改变，以更好地适应跨文化交际过程中同来自不同民族、不同文化的人顺利地建立起友好的交际关系，加强其工作表现及日常的行为互动等以行为为基础的表现。其中又包括这些项目内容：在跨文化交际中能够具备和来自不同的民族的多种文化背景的文化团队建立起友好的交流关系；能够很好地适应并且承受在目的语言国家所需承受的压力；在跨文化交际过程中能够使目的语言国家的人感受到在进行交流时不存在什么沟通性的障碍，并且能够在跨文化交际过程中具备协助他人同目的语言国家的人建立友好的交际关系。

当然，跨文化训练，要根据受训者所在的专业领域有针对性地进行。来自不同领域的受训者，有着不同的、具体的训练目的及方法，这样才能够更好地满足跨文化训练及培养跨文化交际人才的切实需求。具体到我们当下的高职英语跨文化训练，是建基于语言、文化与交际的一体化理论基石，其核心目的就是为了能够通过高职英语跨文化教学及跨文化培训，使学生们具备一定的跨文化交际的能力。在高职英语的跨文化教学过程中，对于教师有着较高的要求，那就是不仅要具备良好的语言表达能力与深厚的语言功底，同时还必须具有一定的交际能力与丰富的教学经验，以及能够较为准确地把握住学生们的认知心理、情感特征，以及高职英语跨文化教学所应遵循的规律等。教师个人所具备的高职英语跨文化教学能力及其在高职英语跨文化教学中所使用的教学方法等，将直接影响作用于学生们对于跨文化学习的效果。我们

在此之前的章节对于当前高职英语跨文化教学的教师队伍进行过实证调查与分析，发现：现在我们的高职英语教师队伍普遍存在着文化知识与交际能力不够，在教学过程中采用的教学方法及模式比较传统，已经根本无法满足当前跨文化交际人才培养飞速发展的需求了。教师队伍此类问题的存在，是同我们当前的高职英语教师缺乏跨文化培训有着较为直接的关系。因此，这就需要我们的各大院校注意对高职英语教师进行有意识、有目标的跨文化培训，通过培训来增强教师们的跨文化意识，提升高职英语教师的跨文化素质与修养，从更为开阔的视域来鼓励我们的高职英语教师，将跨文化的意识与思想融入当前的高职英语教学之中，从而更为有效地提升高职英语学生们的跨文化交际素养与能力的培养。客观地说，基于目前我国的高职英语教学现状，对于高职英语教师进行有目标的培训，从跨文化交际能力及跨文化教学方法等层面来进行有意识的训练，已经成为势在必行的事情了。

二、教师跨文化训练的目的

希望通过有效的跨文化训练，我们当前的高职英语教师能够较为有效地拓展自己已有的文化知识内容，使自己已有的文化知识储备得以有效地增加，从而促使我们的高职教师队伍能够从更深的层面对跨文化交际、跨文化交际的意识及能力这些概念有着更为深入的理解与认识。此外，通过有效的跨文化训练项目的实施，促使我们当前的高职英语教师能够对语言、文化与交际三者之间存在的密切关系有着更为深刻的理解与认识。通过跨文化训练，帮助教师们建立起正确对待不同民族文化之间存在的差异性，从而对英语这一语言作为国际交流沟通的中介及“世界通用语言”身份在国际性语言上的重要性，有着更深一层的认识与解读。

通过有效的跨文化培训，帮助高职英语教师提升其文化敏感性与跨文化交际意识，使英语教师们能够更为深切地认识到文化在我们人类社会生产、生活等方方面面所具有的重要作用，认识到文化对于跨文化交际所能够产生的重大影响，从而将高职英语跨文化教学所具有的功能充分地发挥出来，建构起高职英语教师主动积极了解异族文化、主动积极地同来自不同文化背景的外国人进行交流沟通的意识。在成功的跨文化培训后，培养起高职英语教师们发现并且接受不同民族文化之间存在的差异性的敏感度，帮助他们建立起面对异族文化时所应具备的宽容、开放的态度，能够以正确的态度与方式对待民族文化之间存在的差异性。同时，教师还要注意对于自己的跨文化交际过程中的言行举止进行时刻的认真反思，对于自己的跨文化交际过程中所迸发出来的文化敏感性过程进行不断地总结。

通过有效的跨文化培训，帮助高职英语教师能够对自己的文化行为不断地进行自我调节，从而具备根据不同的民族文化的特点，及时灵活地对自我的交际方式与交际策略进行调整，从而使自己更好地适应源于不同文化背景的文化群体的交际模式，能够同这些具有不同文化背景的不同的文化群体进行有效顺畅的沟通交际，并进一步建立起友好的合作交流关系，以便更好地提升自己的跨文化交际能力。

通过有效的跨文化培养，帮助我们的高职英语教学更进一步地明确文化教学的意义和目的，能够对高职英语教师的大纲及教案的编写与设计起到帮助作用，使我们的高职英语教学从英语文化教材的选用到教材内容的使用，都建立起一套系统完善的方法，并且能够进行适当的课外材料的补充，并通过采用合理有效的文化教学的方法与手段，合理地布置文化教学的任务与练习，并且能够制订出合理的、操作性强的评估方案对文化教学效果进行检测。

三、教师跨文化交际能力训练的方法

跨文化交际发生的环境，具有多种情态，进行跨文化交际的目的，当然也是因交际者的不同而不同的，因此，在跨文化交际发生的过程中，对于交际行为的调适过程，也是不相同的。在这繁多的培训目的之中，对于不同的目的相应采取的培训方法、归属的培训种类必然也是不同的。具体来说，我们归纳总结出 6 种不同的培训方法：

（一）文化现实培训

这种培训方法比较传统原始，同我们一贯用到的培训方式没有什么不同，形式多为讲座、案例分析、阅读、电影、讨论、问答等传统的教学方式，主要是由培训者组织教学，并对受训者传授其培训所需要的各种文化知识内容。

（二）归因培训

这种培训方法最主要的目的是针对受训者对目的语言民族的文化价值观念的认识与理解而进行的，有助于受训者迅速地对目的语言民族的文化价值标准有着更为深入的理解与认识，从而根据自己在培训中所接受理解的关于目的语言民族的文化价值标准，去衡量判断自己在同目的语言民族的人进行交际时的言行举止，并根据他们的文化价值标准对自我行为进行调适，在此基础上进行归因分析。这种培训方式主要是针对移民与旅居者进行的，有助于帮助这些人能够以更快的速度更好的方式融入目的语言的民族文化中去。在这种培训方式中，最常用到的就是文化模拟式。

（三）文化意识培训

在这种培训方式之中主要是用来介绍目的语言民族文化所具有的独特的概念、特征，以及在同本民族母语文化进行比较时存在的文化差异的本质。培训的目的是帮助受训者增强其在跨文化交际行为中的文化意识，从而在其思想深处树立起较为牢固的文化相对论观念。这种培训方式通常借鉴人类文化学的研究成果，把目的语言的民族文化和受训者的母语文化作为分析的实例，来进行培训与分析。具体的方法有：通过建立不同民族之间的文化对比的价值取向一览表，价值观念排序表、文化对比分析表等等方式。当然，在跨文化教学中的一些常用的方法也同样适用于这里，比如情景模拟学习法、感知练习法、语言与非语言交际活动，等等。

（四）认知行为调整

这是一种处理跨文化交际中出现特殊问题的调适方法的培训，专门针对在跨文化交际过程中可能出现的一些问题，通过理论学习来进行解决的培训。特别是对于受训者在对目的语言文化学习过程中感觉特别难以接受与理解认识的一些文化内容特点，可以通过引导受训者将自己民族母语文化之中的那些值得表扬与受到批评的活动罗列出来，然后再同目的语言民族文化中对于同一项活动所秉持的不同的态度与方法进行比较分析，从而进行较为深入的解读与认识。

（五）体验式学习

这是一种针对具体文化的培训方式，同受训者所接受的文化意识的培训完全不同，体验式培训方法的主要目的就是调动起受训者行为、情感及认知各个层面的活动因素，通过实地考察、情景练习、角色扮演等体验学习的方式，通过为受训者创造一个身临其境的体验实践来达到培训的目的。

（六）互动式学习

这是一种通过为受训者创造一些能够直接同目的语言民族文化的人或者是那些具有极为丰富的跨文化交际的人结成对子进行相互学习的培训方式，这是一种互动性的培训方式，能够帮助受训者从更为广阔真切的层面来对目的语言民族文化进行了解与认识。

外语教师的跨文化教学能力与跨文化教学能力的培训，不是一个单方面就能完成的事情，因为外语教师的跨文化能力与教学能力的培训，涉及有关文化意识、文化知识、能力，还有教学能力等方方面面的问题，这就需要进行由外语教学、文化学、社会学、跨文化交际学等多个学科的专家学者来共同合作完成的培训任务。在培训过程中，培训教师需要对培训的内容、项目进行精心而又充分的准备，与此同时，受训者也要拿出全部身心来进行完全配合。对于高职英语教师的跨文化培训，是一个极为漫长的过程，不可能通过一两次培训就一蹴而就，将作为一名高职英语教师所需要的全部知识技能都掌握了。因此，这就需要我们在进行教师培训时，有所侧重，重点放在对教师自我能力提高的自学方法上，培养教师们自主学习与提高的意识，在培训中鼓励大家构建起勇于探索创新的精神。

四、教师跨文化教学方法的培训

最近，较为流行的教学方法是反思教学法与课堂研究教学法，正受到很多学者专家及教师们的高度关注。而且，正在被用到各种类型的教师培训及教师自我发展方面。

（一）反思教学法

这是一种通过反思来推动教学的方法。这种教学方法是教师针对自己的教学的方方面面来进行的极为理性的分析与思考，其主要目的就是为了通过对于自我教学过程中可能存在的问题的反思与理性分析，从而更为深入地找出在教学过程中存在的问题及不足之处，为自己今后进行更好的教学、达到更好的教学效果而提供相当的教学经验及启示。反思活动，可以是反思者自己发起进行的，也可以通过他人比如培训者发起，进行有意识的反思。其出发点可能是发生在学生或者是教学过程中的某一件事情，或者是某一种心境，也许还可能是在教学过程中遇到的一些困难与问题而触发的结果。对于教师业务能力的提升来说，反思能够归纳出一种被称为反思循环，也就是教师在进行种种教学实践的过程中，还要对自己的教学行为不断地进行反思，这样才能够使自己的业务水准不断进步与提升。

进行高职英语跨文化教学的教师们，对自己在跨文化教学实践进行反思的重要意义在于：第一，进行教学反思，有助于我们的高职英语教师对于自己在跨文化教学过程中所秉持的态度与认识有着一个较为准确客观的自我判断与评价。特别是高职英语跨文化教学，相对于传统的近百年的高职英语教学来说，是一个比较新鲜的事物，因此，面对跨文化教学这一融文化教学与语言教学于一体的新的教学方法，教师在教学过程中的态度与认识，具有相当重要的决定作用。很难想象，一名对于文化教学价值没有相当的认识与理解，同时对于文化教学又缺乏足够的热情的教师，能够将高职英语的跨文化

教学具体切实地实践下去。只有那些充分认识到高职英语跨文化教学价值，并且愿意在高职英语教学过程中融入跨文化教学的教师，才能够将跨文化教学工作做好做到位。因此，反思为教师们提供了更新观念的良好机会。第二，教师进行随时的反思，能够对自己在教学过程及学习中存在的不足与进步有较为清晰的认识。语言能力与文化能力的培养，根本就不是一朝一夕的过程，这是一个终身学习的事情。在教师进行高职英语跨文化教学的过程中，教师所做的组织教学、准备材料、设计教案与练习题、引导学生进行学习等教学环节，其实也是教师进行自主学习、不断完善自身文化知识与语言技能的一个过程。第三，教师进行随时的反思，有助于不断提升自我教学能力与水平，从而使自己在教学效果得以不断地提升与完善。教师通过对自己跨文化教学过程中出现的问题、获取的经验、体验感受进行独立的思考，然后进行总结，不断在自己的教学中发现问题，并对问题进行深入的探讨研究，从而寻找出更好地解决问题的方式方法。此外，教师还可以通过参加各种研讨会、学术交流会等多种方式来将自己的问题和同行们进行商榷交流，将自己总结的经验感受分享给大家。其实，客观来说，反思，不仅只是一种简单的个人化的理性的思维活动，同时，还是一种集体的活动行为。但是，不管教师所进行的反思活动以哪一种形式出现，其在反思过程中呈现出来的对于教学理念、态度及方法的深层次的思考，都必然会对教师的教学水平与效果起到一定的提升。

对于反思教学法的研究，可以通过两种方式，即定量研究的方法与定性研究的方法，可以由教师个体来独立进行并完成。举例来说，比如问卷调查法、案例分析法、深入访谈法等等，还可以通过与其他教师进行讨论研究等集体性的方法来进行。

（二）课堂教学的研究

在课堂教学的研究活动中，教师们可以通过自己已有的理论知识基础来对自己的课堂教学进行理性的分析与反思，总结自己的教学过程中已经获取的经验教训与成败得失，找出可能存在的问题与不足，并且探究这些问题与不足产生的原因，探索可能解决这些问题的方法与思路，同时在此基础上对于自己教学过程中的态度与行为做出反思，且进行记录。然后将自己的反思结果和同行教师进行讨论，交流自己的心得体会，以更好地促进自己教学水平的提升与教学效果的优秀。可以说，课堂教学研究，堪称教师进行自我提升与完善的行之有效的好方法。

将课堂教学研究同反思教学两种教学方法很好地结合起来应用，对于教师提升自我独立工作能力有着很大的帮助。一旦在教学过程中，教师形成了随时对于自我及教学进行理性反思的意识与习惯，那么，对于教学过程中产生的问题进行深入地探索与研究的愿望，也就会被更大程度地激发出来。

在进行教学方法的培训时，无论是培训教师，还是受训者，都应该注意，每一名教师所置身的教学环境、面对的教学对象都是不尽相同的，因此，在进行教学方法的培训时，是不可能有一种可以放之四海而皆准的教学方法、教案设计来为我所用的，受训教师所能够做的只是借鉴学习他人的教学理论与经验的基础上，结合自己所置身的教学环境与教学对象，进行理性的分析与思考，然后设计出自己所需要的教学方案，寻找到适合自己进行教学的教学方法。只有这样，才能够更好地提升自己的教学效果。因此，不断提升教师的自主研究能力与水平，对于我们的高职英语跨文化教学来说具有非常重要的意义与作用。

可以说，合理的跨文化培训，能够很好地培养起高职英语教师的跨文化交际的能力，能够有效地减轻教师们所面对的跨文化教学的心理压力，提升教师跨文化交际与教学时的自信心与自我价值判断，从而帮助其以更好的精神面貌与充沛自信的精力投入高职英语的跨文化教学当中。当然，在进行跨文化教学时，尽管已经具备了一些有关跨文化教学的知识、能力，以及所需要的各项内容和良好的积极的态度，但是，教师依然不能忽略了对于自我及教学的反思与理性分析，只有这样，才能够使自己的跨文化教学能力及跨文化交际能力不断地得以提升，增强自己继续学习能力，不断积累更多的知识与经验，从而使自己各方面的能力都得以不断地升华，只有这样，才能够更好地应对高职英语跨文化教学对教师提出的更高的要求与挑战。

自从进入 21 世纪以来，随着全球一体化的发展态势，无论是在发达国家，还是发展中国家，对于跨文化能力的培养，都成为国家进行国民教学的一项重要内容。因此，面对着跨文化需求的增大，跨文化培训的方式方法更是层出不穷。其实，通过这令人眼花缭乱、花样百出的各种跨文化培训方法，我们不难看出，现在，面对着跨文化能力与人才的需求，我们缺少的并不是培训的方法，而是如何将这些培训方法同培训实践结合起来，以便更好地满足我们培训目标的需求。这才是进行跨文化培训的关键所在。

第二章　高职英语教学与跨文化教育

随着全球经济一体化进程的加快，我国同其他国家间的交流和合作日趋频繁。这种大的背景和形势对高职英语教学的诸方面提出了更高的要求，从客观层面要求高职英语教学应从跨文化这一视角出发。重视跨文化教育，可以更好地培养学生的英语素质、文化素质及综合素质，并使学生在毕业之后能够真正运用英语这一工具进行有效的跨文化交际。为此，本章就来研究高职英语教学与跨文化教育的相关内容。

第一节　高职英语教学中开展跨文化教育的必要性

英语教育的最终目标是什么？关于英语教学的总体目标，在《英语课程标准》中明确指出是培养学生的“综合语言运用能力”，包括听说读写英语技能、语音词汇语法等语言理论知识、动机兴趣意志等情感态度、学习策略和文化意识等方面的综合行为表现，因此，英语教育的最终目标是培养文化意识。其实，文化意识的培养应该贯穿英语教学的各个阶段。专业英语教学大纲强调要“注重培养跨文化交际能力”“注重培养学生对文化差异的敏感性、宽容性以及处理文化差异的灵活性”。综上所述，英语教学的根本目的就是为了实现跨文化交际，就是为了与不同文化背景的人进行交流。这就要求我们在英语教学中重视跨文化交际教育，将之提高到应有的高度，使学生在实际交流中具备多元文化的包容性。

有人认为，学习英语只要掌握语音、词汇、语法，便可以毫无障碍地阅读、交际。这种认识是片面的。毫无疑问，语言基本功的掌握是非常必要的。但我们也应该明白：学习一门语言的目的毕竟不是为了记忆一些词汇、语法规则。语言是交际的工具，人们学习语言的主要目的是交际。所以，从某种程度上讲，交际能力的强弱便成了衡量英语水平高低的一种尺度。因而，在日常教学活动中，应对学生交际能力的培养给予足够的重视，使学生对所学语言国家的文化有所了解，能根据话题、语境、文化背景恰当运用语言。这不仅是现今教材所实施交际教学原则的要求，更是国际交流的迫切要求。

文化影响语言，语言反映文化。文化教学是外语教学中不可缺少的组成部分。外语教育同样是文化发言人，但是它必须面对多种文化，“对内”外语教育是通过介绍、引进、选择与吸收外民族文化来丰富本民族文化的，也有向世界弘扬本民族文化的一面，与其他民族文化进行交流；“对外”外语教育则将向世界弘扬本民族文化放在首要位置，同时也起着多种民族文化的交流作用。两者有文化输入和文化输出、主与次的区别。学生通过外语学习了解世界文化，还需要通过外语介绍自己民族的文化，使世界了解自己，在交流中使各自的文化得到丰富，增进各民族间的理解和互信。外语教与学的过程实际上就是一种跨文化交际的教育过程。在现今的英语教学中，人们普遍忽视了跨文化交际教育，原因在于：其一，人们认为英语教学的主要目的是语言知识的传授；其二，认为跨文化教育太深奥、复杂，且不易操作。但实际上，跨文化交际教育可以在语言教学的各个阶段、各个层次上进行。现今英语教材是依据“结构——功能”理论编写的，并且涉及英、美、加、澳等国的英语，其变体含有极其丰富的内容。即在教材中有意识地让学生了解英语文化和汉语文化的差异，增强其跨文化意识。教师只要勤于思考、善于挖掘，就会发现跨文化交际教育并不是深不可测的，它存在于语言教学的各个环节。我们可以通过各种语言材料如课文、情景对话、日常口语、听力训练甚至在语法讲解中进行跨文化交际教育。

在当今国际化、全球化及文化多元化的时代背景下，高职英语教学不仅要求学习者内化、掌握语言知识，强调学习者的语言技能输出，更以拓展跨文化知识、提高文化素养、培养跨文化交际能力为其根本目标和追求，体现出高职英语教学“人文性”与“工具性”的统一。作为提高语言知识运用技能和培养跨文化交际意识及能力的平台，多元文化时代背景下的高职英语教学彰显出语言与文化相融合及英语语言知识教学和跨文化交际能力培养相辅相成、密不可分的本质特征。

我国是一个多民族聚居拥有多种语言文化的国家，56 个民族共同创造了辉煌灿烂的华夏文明，中华传统文化是由 56 个民族文化共同缔造的。对中华民族传统文化的传承不能脱离丰富绚烂的各民族文化。而对传统文化的吸收和继承恰恰是跨文化教育中必不可少的组成部分。传统文化在高职英语跨文化教育中的植入不仅有助于培养学生的跨文化意识、良好的民族身份感以及民族文化认同感，更是提升跨文化对比和交际能力、提高跨文化教育质量的关键。在以跨文化教育为导向的高职英语教学中，要结合民族文化差异，培养学生在多元文化环境下跨越文化差异的思辨能力，从而提升学生的民族文

化认同感和跨文化交际能力。众所周知，语言与文化的关系密不可分。各民族有着悠久长远的历史，一个民族的语言承载着本民族深厚的文化内涵。在国际政治经济文化交流日益频繁的时代，在各民族文化共存和共同发展的多元文化交融的大环境下，各民族语言文化间的交流、碰撞成为全球化、国际化的时代特色。在跨文化教育中，跨文化障碍的产生源于跨文化知识的匮乏和对民族文化差异的不了解。针对这种情况，在以跨文化为导向的高职英语教学中，让学生们沉浸于西方文化的同时，应该结合我国多民族文化的特点，养成学生的民族文化认同感，深化学生对中国传统民族文化的认识，培养正确的民族文化观念及跨文化交际意识和能力。

文明因交流而多彩，文明因互鉴而丰富。不同族裔间民族文化的交流是推动人类文明进步、促进世界和平发展、促进和谐共融的重要动力，是构建人类命运共同体的根基。在我国多元民族文化的环境下，以跨文化教育为导向的高职英语教学，更应该在中西方文化的交流中夯实学生的传统文化知识基础，提升学生的传统文化素养，培养学生的传统民族文化认同感，以实践“中国文化走出去”这一积极应对全球化历史潮流的战略措施，坚持“文化自信”的原则和精神在高职英语教学中得以实施和体现。因此，以跨文化教育为指导方针的高职英语教学在拓展学生国际视野、借鉴西方优秀文化的同时，要在跨文化教育中着重树立学生的中华民族传统文化自觉和培养民族文化自信，提高学生传播民族文化的能力和对外文化输出的能力，提高其跨文化交际能力。众所周知，“只有民族的，才是世界的”，在跨文化教育及实践教学中不仅要介绍西方语言文化及价值观，更要传承并传播中国传统民族文化。因此，在教学中要从提升中华民族传统文化软实力，建设新时期文化强国的战略高度来制定和规划高职英语跨文化教育方针和策略，使学生具备应对中西方文化及中外文化交流、碰撞、交锋的挑战能力，彰显高职英语教学的人文性。在全球化背景下，以跨文化教育为导向的高职英语教学中人文性与工具性的统一是时代的召唤与需求，更是时代赋予的使命。

在我国丰富多彩的多元民族文化背景下，高职英语跨文化教育应构建以本土文化及民族文化为根本、以外语文化为借鉴要素的和谐共生的文化生态系统。跨文化教育中的核心层面跨语言知识和跨文化知识层面不仅包括目的语的语言和文化知识，更包括母语的语言和文化知识，特别是本土语言文化、本民族语言文化。和谐健康的语言文化交流必须是平等、动态、双边及双向或者多向的，不能失之偏颇地强调一方的语言文化价值观而忽视另一方。在当前的跨文化交际教学中，特别容易出现过分重视英语文化及西方价值观而弱化或者边缘化本土文化和本民族文化的现象，这是我们必须要克服和避免出现的，正如勒斯蒂格（Lustig）和凯斯特（Koester）所提出的，“本民族的文化知识有助于人们更好地学习和了解其他族裔的文化。英语的全球化教育不能以牺牲或者扼杀其他民族语言文化为代价。只有和谐共生的文化交流生态体系和模式才能实现共赢和双赢，实现共同发展和繁荣”。在跨文化教育体系中倡导和促进动态的双向平等交流、互通和互动，在借鉴和吸收异族文化精髓的同时必须形成并提升本民族的文化定力和文化自信，克服“中国传统文化失语症”，提高对外文化输出效能，达到输出传统民族文化的目的。因此，全球化时代背景下的高职英语跨文化教育应以正确的文化生态观为指导，维持多种语言文化相互促进、共同发展的生态多样性，帮助学生培养跨文化思辨能力和批判性文化思维，以正确的立场和态度来审视外族文化的优劣，吸收其精华的同时养成语言文化平等意识，在和谐的语言文化生态体系中培养跨文化交际能力。

而现如今，语言教学中必须包括文化教学，这在学术界已经达成共识。英语教学中必须重视文化的重要地位，进行英语文化的传递，这是学生英语交流能力提高的重要基础。具体来说，高职英语教学中开展跨文化教育的必要性主要体现在以下几个方面：

一、实现英语教学目标的保障

从本质上说，英语教学的目标是培养和提高学生的英语使用能力，从而能够面对日后的跨文化交际。因此，越来越多英语教学者开始认识到英语教学的工具性、实用性与交际性。美国语言学家萨丕尔（Sapir）在其著作《语言论》中指出，“语言有一个环境，它不能脱离文化而存在，不能脱离社会继承下来的各种做法和信念”。跨文化教育能够推动英语教学的发展，并且对人才的培养和英语教学目标的最终实现都大有裨益。

语言不仅是传播信息、交流思想的重要媒介，对于民族文化的传播也发挥着重要的载蓄功能。全球化的发展使不同国家的文化互相交流，因此不同的价值观就会和本土文化进行磨合。

外国文化在我国的传播与交流，能够使我国人民了解不同的文化形式，在另一种程度上还能拓展本土文化和民族文化。全球化的出现是一把双刃剑，我国应该抓住这个机遇，积极谋求新的生存与发展方式。英语教学作为培养跨文化交流人才的重要方式，应该注重西方国家的文化的导入，同时需要深深植根在本土文化中，发扬我国优秀的传统文化，使学生具备宣传本族文化的意识与能力。

英语教学不仅是让学生掌握基础的语言知识和技能，还需要培养其英语思维能力，使其能够融入跨文化交际环境中并展开具体的交际行为。跨文化教育能够使学生掌握新的知识与文化，同时能更加深入地了解本国与他国的

文化事务，因此是一种素质与能力双重提高的教学方式。在进行跨文化英语教学时，应该从本质上反映出语言与文化、语言教学与文化教学的联系。

二、适合中国环境的教学模式

跨文化教育实际上是母语思维和异域思维的碰撞，交际中的困难在很大程度上并不是因为交际者对语言知识掌握不足，而是由于对非母语文化的不了解。在全球经济、文化交流的大背景下，学生进行跨文化英语语言学习的目的是迎合社会发展交流的需要。

随着社会的发展，我国英语教学的对象变得更加多元，交际方式也更加多样。进行跨文化教育，能够提升学生的跨文化能力和信息交流能力。同时，社会的这种多元性要求英语交际者要具备一定的合作意识和协作能力，从而通过跨文化教育提高整个人类的进步，并在这一过程中提升自己的文化意识。可以说，跨文化教育既满足了英语工具性的作用，也是符合中国环境的教学模式，对社会发展和人类文化的融合都大有裨益。

由于在我国的英语教学中，存在很多因不了解英语文化而造成的跨文化交际失误，加之我国缺少英语学习的社会环境，因此课堂教学成了学生获得英语基础知识并了解英语国家文化的重要渠道。跨文化教育是融合语言教学和文化教学的举措，能够为学生的英语学习营造良好的英语文化学习氛围，并防止母语文化的干扰，提高学生的跨文化能力。

三、有效教学的重要组成部分

英语语言教学不仅需要教授英语语言知识，还需要注重社会规范、语言交际环境、语言使用规则、语用规律等因素，从而使学生能够完成现实中较为复杂的英语交际。跨文化教育与高职英语教学是相互促进的关系。如果在高职英语教学中忽视跨文化的研究，就有可能导致英语教学费时低效现象的出现。

跨文化交际对交际者的文化能力有着较高的要求，而跨文化教育能够使学生了解中西方文化的差异，提高文化的敏感度。同时，这种教学方式和研究视角能使学生感受到英语教学与现实生活的联系，从而提高英语学习的兴趣与效率，避免交际中的文化障碍。因此，跨文化教育既能提高学生的学习能力，也能较好地实现英语教学效果。

四、现代英语教学的标志之一

在信息时代，全球化的趋势愈加凸显，人际交往愈加频繁，不同国家和地区也展开了不同程度的文化交流活动。英语作为国际通用语言，在跨文化交际中的地位不言而喻。人们通过英语这种语言媒介进行信息的获取与沟通。现代英语教学的重要目标之一就是向社会输送更多符合要求的英语人才。但需要指出的是，英语能力的提高不能单纯地依靠语言知识的教学。英语是一门工具性的语言形式，其最终的教学与学习目标是使用英语进行沟通与交流。

在跨文化交际中，如果交际者不了解对方的文化背景知识，就有可能造成交际障碍和交际误解，最终影响交际的顺利进行，审视现代英语人才的重要标准之一就是其文化能力与跨文化能力。因此，重视跨文化教育，培养和提高学生的文化感知与认知能力，教授外语交际的技巧，是时代发展对英语教学的要求。在这种时代背景下，很多高职院校都将培养学生的跨文化能力作为教学的重要目标。可以说，跨文化教育是一种具有高度影响力的教学方式，是一种体现英语教学最终目的和培养目标的教学方式，是传统教学模式的革新。

五、实现素质教育的主要渠道

现如今，我国开始积极推进素质教育。英语是我国教学的基础课程，也是文化素质教育建设的重点。从跨文化视角进行英语教学是实现素质教育的主要渠道。所谓英语素质教育，指除了教授英语基础知识与技能，还需要提高学习者的文化素质，培养学习者的文化思维，这一点和跨文化教育不谋而合。

为此，在具体的跨文化教育中，教师必须正确处理语言和文化的关系，加强英语国家文化的导入。具体来说，教师需要以跨文化交际学的相关理论与方法武装自己，在教学中提高语言教学的实用性与交际性。从跨文化教育的角度进行英语语言教学，能够从一定程度上减轻本土文化思维定式的影响，培养学生的英语思维能力和语言技能。

第二节　高职英语教学中开展跨文化教育的原则

高职英语跨文化教育需要坚持一些基本准则，只有这样才能保证语言习得与文化习得的一致性，避免出现教学障碍。因此，本节就来详细阐述高职英语教学中开展跨文化教育的原则。

一、思想性原则

思想性原则是跨文化教学的首要原则。该原则要求跨文化教学的内容应是正确、健康的，要对学生思想道德品质的培养与精神文化的建设具有促进

作用。因此，在组织跨文化教学活动过程中，教师应注意选取具有高度思想性的活动，寓德育于活动中，使学生在学习知识的同时接受思想教育。

二、针对性原则

在传统的英语课堂教学中，教学大纲、教学目标、教学计划、教材等均是为全体学生而设计的，学生所学的知识与技能基本相同，难以照顾到学生的智力、能力、性格等个体差异。而跨文化教学通常具有丰富的内容与多种多样的形式，可以弥补传统课堂教学的缺陷，做到因材施教。为将每位学生的潜能都发挥出来，应根据不同学生的特点来采用不同的活动形式。

三、分别组织原则

跨文化教学还应遵循分别组织原则，根据具体情况分别组织不同的活动。英语跨文化活动通常有大型集体活动、小组活动及个人活动三种类型，其中的小组活动最为常见。教师应结合学生的英语水平、个人兴趣将其分为不同的小组，如表演小组、会话小组、戏剧小组等，以使学生的个人才华得以发挥。

个人、小组以及大型集体活动相互影响、相互作用。大型集体活动的效果取决于小组活动的质量，而小组活动的效果又取决于个人活动的质量。教师在组织英语跨文化活动时，应合理安排这三类活动形式，使三者相互配合，最终提高跨文化教学的效果。

四、及时总结原则

总结对跨文化教学必不可少。无论是哪种活动形式，在活动结束之后，教师都要及时进行分析与总结，发现所取得的进步与问题，找出问题的原因，为以后跨文化教学活动的开展做好准备。总结的形式应依据具体活动而定。

五、渐进性原则

英语学习并非一朝一夕就可以完成的，而是要经历一个漫长的过程。教师应意识到这一点，在组织跨文化教学活动时，应坚持循序渐进原则，即由易到难，先简后繁。在刚开始组织跨文化教学活动时，教师应给学生设置较为简单的活动。随着活动的逐渐开展，可采用各种不同形式，并适当增加活动的难度。学生通过完成各种任务，进而增强自信，获得成就感。如果一开始活动的难度就比较大，学生容易产生自卑心理，这显然不利于学生的身心发展。

六、趣味性原则

根据克拉申的“情感过滤说”，在传统的课堂上，由于教学形式、教材、课堂气氛等都存在一定的不足，学生的“情感过滤层”易于升高，容易产生紧张焦虑的情绪，这样他们接受可理解性语言输入时就没有足够多的空间。与之不同，在参加跨文化教学活动的过程中，学生的“情感过滤层”降低很多，有利于对可理解性语言的吸收。可见，保持趣味性对学生的语言学习非常有利。

跨文化教学应确保活动具有趣味性，具体体现为活动内容丰富、形式多样，富有竞赛性、娱乐性、创造性。教师应努力为学生营造英语学习的氛围，使学生在耳濡目染中提高学习效果。

七、情感性原则

（一）以情施教原则

根据以情施教原则，教师为使情感与知识融合为一体，应在授课时引入积极的情感，从而实现以情促知、情知交融。因此，教师首先要将自己置于积极的情感之上，这样才能带动学生的情感积极性。

（二）寓教于乐原则

寓教于乐原则旨在让课堂教学活动在学生快乐的情绪下进行。这就要求教师能够预测和把握好一切变量，使学生乐于接受、乐于学习。值得注意的是，教师应当把调节情绪作为课堂教学活动的一个突破口，而不能整节课都在调节学生的情绪，从而使学生的学习状态达到最佳的层次。

（三）移情原则

一个人对其他人或物的情感可以转移到与其相关的对象上，因此移情原则就是要使学生在学习的过程中得到情感陶冶。具体而言，英语教学中的移情一方面指的是教师的情感给学生的情感带来的影响；另一方面指教学内容的情感因素也会对学生的情感造成影响，文章作者以及文章中的人物的情感都可能会感染到学生，因此教师应注意引导学生体会文章作者写作时的情感，重视情感迁移，使学生在受到情感陶冶的同时学习语言知识。

八、对比性原则

在英语教学中，应当从语言认知理论的角度出发，结合语言迁移的研究去探讨分析不同语言及其文化间的差异，并进行跨文化教学。所以，在高职

英语跨文化教育中，教师需要遵循对比性的原则，即不断引导学生将自己的本土文化与英语国家的文化进行对比，从而分析出二者的差异性。语言文化间的对比并非简单地基于行为主义的对比分析假说，而应该基于认知心理科学理论，从正负迁移、推论、转换等各方面研究母语对二语、三语的迁移及彼此之间的相互作用，并对比其异同。对比性原则有如下几点意义：

其一，基于多元文化的背景特色，通过对本土文化、本族文化及英语文化等不同文化进行对比，有助于加深学生对英语国家文化的理解和认知，同时逐步了解英语国家的价值观、思维方式、生活习惯、人生观等层面的差异。这不仅可以避免出现狭隘民族主义，也可以克服民族虚无主义，还有助于提升不同阶层学生的文化理解能力。

其二，通过对不同文化进行对比，学生可以将自己的文化带入英语国家文化中，养成文化思辨能力，辨别其中的可接受文化与不可接受文化。在文化对比中吸取不同文化的精华，在培养英语思维、提高语言交际能力的同时，也有助于培养自身的民族身份意识及文化自觉，克服“中国传统文化失语症”，提高跨文化交际能力。

其三，通过对两种文化进行对比，可以进一步加深学生对不同文化的理解，不仅有助于学生习得不同的语言文化知识，帮助学生避免出现交际障碍，而且有助于促进其跨文化意识和交际能力的培养。

第三节　高职英语教学中对学生跨文化交际能力的培养

在高职英语教学中，培养学生的跨文化能力不仅要重视他们语言交际能力的提升，还需要重视他们的非语言交际能力。为此，本节就从学生非语言交际能力的培养、跨文化意识与能力的培养两个层面来研究高职英语教学中学生跨文化交际能力的培养。

一、对学生非语言交际能力的培养

在高职英语跨文化教育中，培养学生的非语言交际能力的意义是非常重大的。因为非语言交际能力与语言交际能力同等重要，二者都是跨文化交际能力的组成部分。对于学生非语言交际能力的培养而言，首先需要对非语言符号与人际交往有一定了解，其次还需要掌握非语言交际中的组成因素，如表情、目光语、手势语、姿势语、辅助语、身体接触、沉默等。

（一）掌握非语言符号的内涵

非语言符号（nonverbal symbol）可以指代用以传播的语言符号之外的所有符号，其功用在于重复、补充、调整、替代或强调语言符号传递的信息，主要包括身体语、时间语、空间语、沉默、辅助语等。

人类交往中的非语言符号主要有两大特点：一是生物性，二是社会性。生物性是指任何一种文化、民族都具有共同的传递信息的生物性特征，如恐惧时的颤抖、寒冷时的哆嗦。社会性是指人类使用的部分非语言符号是后天习得、世代相传的，常为某一群体的成员共同拥有，也构成了该群体文化的一部分。由于非语言符号具有生物性和社会性，因而不同文化使用的非语言符号既有普遍性，又具有某种程度上的特殊性乃至模糊性。这就要求在跨文化教育中，学生既要对非语言符号的多义性高度敏感，也要努力把握非语言符号与情境的关联。

在很多情形下，语言符号与非语言符号可以互为替代、互为补充，共同传递信息和意义。许多非语言符号往往局限于特定的区域范围之内，从而凸显广泛存在的文化差异。爱德华·霍尔在针对“高—低语境”的阐述中就指出，意义并不必然为语言所蕴涵，相对于低语境文化，高语境文化往往更为依赖非语言符号，许多信息是通过手势语甚至沉默来表达的。

（二）熟知非语言交际的要素

人们用身体的各个部分单独或配合做出动作来表达一定的信息，这就是身体语（body language/kinesics），包括表情、目光语、手势语、姿势语、辅助语、身体接触甚至沉默等。在意义和情感的表达手段中，有65%以上靠表情、手势语、姿势语、辅助语等身体语完成，通过语言符号传递的信息则只占35%。另据研究者对课堂教学的统计，82%的教学效果是通过教师的表情、辅助语等非语言行为达成的，只有18%的信息通过语言行为实现。

1. 表情

表情（facial expression）是身体语的重要组成。概括地说，表情是人类社会交往的调节装置，面部结构则是精神的直观表现，很容易表现出柔情、胆怯、微笑、憎恨等诸多的感情谱系，也是艺术意义上最具审美特质的人体部分。通过表情，人类可以显示各种情感，阐释话语、调节对话、塑造社交形象，从而使之成为一种最具体、最确切的非语言符号。

虽然人类传播存在固有的文化差异．但世界各地的人都使用近乎相同的表情来表达人类的主要情感，如喜悦、幸福、悲伤、惊奇、恐惧、气愤和厌恶。在不同文化中，表情既是普遍一致的，也是各具特色的。由于生理原因，不

同文化的人处于喜怒哀乐的心理状态时，大致都有类似的表情，这是共性；有些表情则因文化不同而不同，这是个性。再者，尽管人类的表情大都相似，但不同的文化会对人在何种场合表达何种情感、表达多少情感有着不同程度的规定，这就使不同文化的表情有着多寡的不同。例如，在地中海地区，悲伤的情感表达往往比其他地区更为强烈，男人在公共场所哭泣的场面并不会特别令人惊讶。此外，某些表情在孤立状态下的意义具有相似性，而一旦受到环境因素的干扰就会显示出某些差异。例如，不同文化群体的成员会因为谁在场、在什么地方、讨论什么问题等因素的变化而不同程度地抑制或修正自己的情感表达。

通常，在西方国家，家长鼓励孩子表现自己，使他们逐步形成表情丰富、活泼开朗的特点。相比之下，东方人在儿童时代就被家长告知不要情感外露，因而大都具有内向、含蓄的特点。此外，美国社会的文化规范会抑制男性的悲伤或哭泣等负面情绪的表达，但女性要表达这些情绪是可以接受的。相比之下，日本人倾向于以笑容来掩饰负面情绪，通常也不会在公开场合用表情来表达任何重要情感，最容易看到的是平静的、难以捉摸的表情，或是平淡的微笑，其确切的意图总是让人难以猜测。总体上看，对日本人来说，微笑是社会礼仪的一部分，主要用以维持和谐的人际氛围，避免负面感情的外露，有时则是为了避开令人尴尬的问题，给自己留下思考的时间或转圜的余地。

2. 目光语

目光语（eye contact/gaze），就是运用目光的接触与回避、眼睛睁开的大小、目光接触时间的长短、视线的控制等方式传递信息。有学者研究认为，目光语至少承担了六种传播功能：表明专注、感兴趣或兴奋的程度，影响态度的变化与说服，调节人际互动，传递情感，确定权力和身份关系，为“印象处置”确定一个核心角色。事实上，很多中外文学作品都曾形容某个美丽的女子“眼睛会说话”，这一方面是在强调目光语传播信息的能力，另一方面也表明，不同个体运用目光语的能力是不同的。

不同文化在目光语的使用上有很大的差异。例如，非洲祖鲁人认为“眼睛是用来挑衅的器官”；在美国黑人文化中，直视对方的眼睛也被当作一种敌视的行为；东方人不喜欢直盯着一个人看，并把这种行为视为粗野的表现；英美人则有句格言“不要相信不敢直视你的人”，即将不能直视或躲躲闪闪的目光语视为掩饰、不真诚或是缺少自信的表现。当然，眼神接触要适当，倘若死盯着对方一次达 10 秒以上，也会使对方感到很不自在。与英美人相似的是，阿拉伯人也认为，只有凝视对方的眼睛，才能领会对方的心灵，所以说话时常常会目不转睛地直视对方的眼睛。

一些研究注意到，相比欧洲其他地区，地中海地区的人们更擅长用目光语来表达信息，这里的人们还比欧洲北部国家的人更多地扬起或降低眉毛，表达惊奇、不赞成、进攻和无所畏惧等意思。此外，阿拉伯人和拉美人的目光接触要多于西欧和北美人，北欧人、印度人、中国人、日本人、朝鲜人、韩国人、印度尼西亚人和墨西哥人的目光接触少于西欧人和北美人。

日本人认为，眼对眼进行谈话是一种失礼行为，过长的目光接触被认为是粗鲁、威胁和不尊重对方。日本人在与人对话时，绝大部分时间要避免眼神接触，听对方说话时会看着对方的脖子，自己讲话时则时常看着自己的脚或膝。在尼日利亚和泰国，人们甚至教导儿童不要与师长或成年人进行直接的目光接触。

3. 手势语

手是身体中最具表现力的部位，被人们称为“可以看见的头脑”。使用手臂与手指活动传递的信息就是手势语（sign language），可以分为三类：

（1）模仿型，即用手势模仿一种物体或动作。例如，两只手分别伸出大拇指和小拇指，并放在耳朵上方，就是小牛。

（2）代表型，即用一个手势代表一个含义，如用跷起大拇指表示称赞或欣赏。

（3）指挥型，如合唱队指挥用手势打拍子。

聋哑人日常交往使用的“手语”也可看成手势语，或是一种“视觉身体语”，因为这种运用手势传达信息的方式可以充分表达人类的所有行为。不管是解答疑难问题、处理社会关系还是详细讲述美丽动人的故事，这些符号都能做到。手势语是人类最早使用的非语言符号，由于手势语不能表示更多、更精细复杂的内容，才发展到有声语言阶段。直到今天，美国西部草原上的一支印第安部落喀罗人仍在大量使用手势语来进行复杂的信息交流。

在语言心理学家戴维·麦克尼尔（David McNeill）看来，手势是话语活动的一个重要组成部分，“手势与语言是同一心理过程的两个方面，属于同一系统之中”，他还分析了手势、语言和思想三者之间的相互关系。首先，手势与语言密切相关——手势在说话的过程中出现，与语言行为同步进行，共同行使语义和语用功能。其次，手势语有极大的自由度，能够灵活补充语言符号难以传递的信息，包括微妙的思想和情感。最后，手势与语言共同构成思想—手势语和语言符号的结合，是传播者思想过程的组成部分。手势提供整体的综合形象，语言提供切分的层次结构，这样一来，“思想的表述既包含语言的普遍社会成分，又具有手势的独特个人成分”，相同的意义就成了将语言与手势融合为一体的具体语言行为的共同基础。

在不同文化中，手势语的使用频率和传递的信息有一定的区别。

在使用频率上，美国人和北欧人把多次使用手势和用力使用手势的人看作过分感情用事、不成熟或性情有些粗鲁的人，因而对手势的使用相当节制；中东人、南欧人很喜欢手势，阿拉伯学者曾把阿拉伯人交谈时使用的手势划分为 247 种；欧洲有句谚语说，“意大利人的双臂若被截去，那就宁愿以哑巴自居”，表明了意大利人使用手势的频率。相比之下，玻利维亚的印第安人很少使用手势，这与当地寒冷的气候有关，他们常把手放在披肩下或裹身的毡子里，主要用表情和眼神传递信息；芬兰和日本也不鼓励人们做手势，在这两个社会中，人们接受的教育是要控制并掩饰自己的感情，所以他们使用肢体语言时较为克制。

许多研究还注意到，在表达信息方面，美国人的手势大部分用来表示动作；犹太人的手势大部分用作强调的手段；德国人常用手势来表示态度和评价；法国人的手势常用来表示一种风度和克制；意大利人常用手势来帮助描述复杂的空间概念。不同文化中一些常用手势语所传递的信息内涵也有不同程度的差异。例如，用食指和拇指做出“O”的形状，美国人表示的是 OK，中国人表示的是数字 0，日本人表示的是“钱”，法国人表示的是“零”或“无价值”。

4. 姿势语

姿势语（posture）主要是指人们生活中的坐、走、蹲、卧等身体姿态。中国传统社会对姿势的要求非常严格，认为人应该坐有坐相，站有站相，即“站如松，坐如钟，走如风，卧如弓”。直到今天，一些中国人仍认为，女子跷起“二郎腿”是举止轻浮、缺乏教养的表现。欧洲国家对姿势语的要求也比较严格，认为懒散的姿态是无理和粗俗的。美国人和加拿大人崇尚随意和友好，坐姿和站立都比较放松，这在德国、瑞典等国家会被视为粗鲁、不礼貌的行为。比利时人甚至认为，双手插兜是不尊重他人的表现。

在不同的文化中走路的姿势也有明显的差异。日本妇女的步子碎而小，被视为温柔谦恭。美国女性走路步子迈得大，腰挺得直，在东方人看来，她们胆大而泼辣。蹲的姿势也反映出文化上的不同。在中国北方农村，蹲是一种常见的姿势，人们在聊天和吃饭时习惯的动作就是蹲。美国人则认为，在公共场所蹲着是有失文雅的。在墨西哥农村，蹲也是一种常见的姿势。

5. 辅助语

伴随语言的声音信息就是辅助语（paralanguage），是通过发声的不同质量来表达感情和意愿的非语言符号。在人际交往中，发音的速率、音调、音量、质量等方面的不同，都可以为语言信息增加新的意义，为语言传播产生重要的辅助作用。例如，研究人员发现，人们说话的速率（rate）能对接收信息的方式产生影响，当说话者使用较快的速率时，通常会被视为更有能力。

辅助语是重要的身体语类型，与语言学研究密切相关。相关学者指出，语言学研究中应强调对辅助语的研究，不能把语言作为孤立的现象加以考察，应把语言作为活动的语言——在构成其背景的非语言事件的整个脉络中加以考察。

在语言研究领域，通常把辅助语划分为三种类型来进行考察。

（1）声音修饰语（vocal modifier），包括音量、音高、节奏、速度、共鸣、音调等。

（2）声音特征语（vocal characterizers），包括笑声、哭泣、呼喊、呻吟、打嗝、哈欠等。

（3）声音隔离语（vocal segregates），如英语中的 un-huh，shh，cooh，humm 等。

在一些研究中，还把叹息、呻吟、咳嗽等视为与辅助语相似的一类语言。社会心理研究表明，人在说话时的音量、音调、节奏、语气都能表露个性特征和心理状态，总之，人的喜怒哀乐，一切躁动不安、起伏不定的情绪，连最微妙的波动、最隐蔽的心情，都能由声音直接表达出来。此外，不管内容如何，说话流畅与否都可用作了解某人能力、是否诚实和正直的指标。停顿和语误被看成欺骗、焦虑和羞怯的标志。语速快的人一般会被评价为有能力、见识广和具有领导才能。

辅助语也是一种体现鲜明文化差异的非语言符号。例如，在音量方面，亚洲女性的音量一般不大，以示温文尔雅。泰国和菲律宾女性也是如此，讲起话来就像耳语，以表示自己受过教育。但在一些西方文化中，女性音量大表示力量和真挚，细声细气则表示意志薄弱。在音质方面，中国社会偏好的女性音质往往比较清脆、婉转，多数美国人欣赏的成年女性声音则略有厚度，显得更有“磁性”。美国的一些研究还注意到，在美国，黑人和白人之间往往由于辅助语的不同而发生误读：在很多白人看来，黑人说话声大气粗，给人咄咄逼人甚至是难以自控的感觉；在一些黑人看来，白人的声音过于矜持、虚伪，缺乏真情。

6. 身体接触

身体接触（personal contact）是一种基本的身体语，也是人与人之间建立关系的一种较为直接的方式，包括拥抱、亲吻、握手、拍肩膀等。身体接触可以满足人们相互交往中诸多的控制需要和情感需要，如用拍肩膀的方式表示安慰，用拥抱或亲吻的方式表达友情和爱意，用握手的方式表示祝贺。从身体接触的方式中，人们可以获得对相互关系的一些理解，并感觉出双方的

态度。身体接触对于人际关系的处理非常重要。不过，在什么时候触摸、在什么地方触摸，都会受到一系列社会规范的制约。

7. 沉默

在人际交往中，沉默（silence）是一种重要的非语言符号，包含多种程度不同的信息，常常作为语言符号的补充，特别是能够反映出语言符号隐蔽的信息。在不同的文化中，沉默可分别表示正在思考、压抑、蔑视、不同意、责备、赞成、原谅、谦恭、沉着、允诺、悲伤等不同的意义，并由此成为跨文化传播研究较为关注的一种非语言符号。

东方文化给予了沉默较多的积极意义。中国古训有“非淡泊无以明志，非宁静无以致远”，表明了中国人对沉默的依赖和向往。中国人也深谙沉默的避祸作用，古训中多有“讷言”“慎言”“寡言”“多闻”等警示。汉语中的一些成语如“伶牙俐齿”“巧舌如簧”“油嘴滑舌”多有贬义，而“病从口入，祸从口出”“言多必失”则告诫人们不要多说话。在这一传统的影响下，亚洲其他国家的传统中也提倡沉默。在日本传统社会，沉默甚至被视为一种美德，“言者无知，知者不言”是受人尊重和值得信赖的象征，日语中还有“鸭子叫，早挨刀”的说法。即使到了当代，日本家庭中的问题也很少通过父母与子女的公开讨论解决，谈话多是父母单方面的发话，子女则多要保持沉默。值得注意的是，在日本人看来，沉默可以巧妙地用来表示不同意、不接受或左右为难，还可以用于斟酌合适的反应或思考某种观点。

阿拉伯文化和西方文化给予沉默更多的消极意义。在这些文化中，沉默往往意味着无所事事、无话可说，是交往中最不理想的状态，所以人们不能容忍沉默的出现，往往喜欢通过提问来迫使对方说话。例如，阿拉伯人和希腊人强调朋友之间、家庭成员之间积极的语言传播：对于意大利人来说，与朋友交谈是能带来乐趣的重要消遣方式，也是美好生活的标志。自然而然地，许多西方学者将沉默视为传播的对立面，排斥沉默在传播中的积极作用。他们认为，语言的功能之一就是要打破沉默，因为沉默带有太多晦暗无声的秘密。当然，在一些西方文化中，沉默也可能意味着高度的相互理解和信任，如在密友之间。芬兰人对沉默的看法就与亚洲人很相似——沉默不等于没有交流，而是社交活动的组成，更重要的是，懂得什么时候应该缄口是一种美德。

二、对学生跨文化意识与能力的培养

尽管普遍存在着人类文化的差异，但是具有某些共同特点的全球文化正在出现，一些大众传媒和现代传播方式，如网络衍生的推特（Twitter）、脸书（Facebook）、YouTube 视频及其他即时通信应用程序正在打破地域和文化之间的界限。作为文化素质教育一部分的高职英语教学，应该致力于培养面向世界的全球化人才，要使学生具备跨国性能力去适应全球市场的要求，能够共享全球资源。

为促进不同文化的人们进行交流，一些学者提出“约哈里之窗”（Johari Window）的理论，以促进人类的跨文化交际。具体来说．“约哈里之窗”认为，在跨文化交际中，双方对彼此的了解大致有四种情况，即自己知道、自己不知道、对方知道、对方不知道。这四种情况进一步组合成四个区域，也就是开放区、盲目区、隐蔽区和未知区。

“约哈里之窗”图解了人类交际中可能出现的状况，人们据此可以采用相应的措施提高交际质量。下面具体探讨对学生跨文化意识和跨文化能力培养的内容和方法等问题。

（一）跨文化意识的培养

意识引领人类的行动，在跨文化交际中，交际者拥有跨文化意识，才能自觉按照跨文化交际的规则去理解对方的行为，从而促进跨文化交际的顺利进行。

1. 跨文化意识的内涵

由于文化差异以及个体差异的存在，因此交际中人的思维与观念也不尽相同。跨文化意识承认世界的多样化并尊重不同的文化形式，主张在平等的基础上进行文化间的沟通与交流。因此，了解跨文化意识并具备跨文化意识对于当代社会和人的发展而言十分重要。

在跨文化研究过程中，跨文化意识主要体现在认知方面。跨文化意识通过作用于人的思维，指导个体的行动。同时，跨文化意识带有文化属性，需要交际者主动去探寻自身文化与其他文化的特征，从而提升在跨文化交际中的理解能力与交际能力。具体来说，跨文化意识包含以下三个方面的内容：

（1）理解文化差异。

（2）接受文化差异。

（3）能够处理文化差异。

世界文化是平等的，并没有优劣之分，交际者需要具备一定的跨文化意识，敏锐地察觉到不同文化间的差异，从而科学有效地处理跨文化交际中出现的问题。

2. 跨文化意识培养的目标

跨文化意识培养的目标主要包括以下几个方面的内容：

（1）交际者具备获得外国文化信息的能力。

（2）交际者具备良好的文化理解能力。

（3）交际者能对外国文化做出客观的评价。

（4）交际者具备进一步学习外国语言和文化的能力。

（5）交际者具有较强的交际能力。

3. 跨文化意识培养的内容

跨文化意识的培养是一个循序渐进的过程，具体应该包含以下几个方面的内容：

（1）学习文化词汇。

（2）学习文学典故。

（3）了解价值观念。

（4）了解社会习俗与传统。

（5）规范社交往来。

（6）重视非言语交际。

4. 跨文化意识培养的过程

跨文化意识的培养包括四个层次，并有具体的步骤。

（1）跨文化意识的四个层次。跨文化交际意识可以分为以下四个层次。

其一，旅游者心态。在形成跨文化意识的初期，交际者会产生一种旅游者心态。这种心态的特点是交际者从自身文化的角度去观察其他文化，对文化事物的认识停留在表面阶段，同时不了解不同文化事物间的内在联系。交际者在这一层次容易产生模式化的文化认知，将个别文化现象当作普遍现象，并认为其是文化的本质。一些交际者会受到文化偏见、文化优越感、文化模式化的影响。

其二，文化休克。当跨文化交际者开始接触不同文化时，由于不了解异域文化，并且不能适应新的文化形式，便有可能在交际中出现一定的误解与冲突现象。一些交际者在经历了一系列的困难之后，会选择对异国文化进行逃避与对抗，从而产生一种文化休克。文化休克使得交际者有着强烈的不安感和抗拒感。

其三，理性分析与愿意适应。在经历了一段时期的文化休克之后，交际者增加了跨文化知识，同时跨文化交际的频繁进行也使得交际者熟悉和接受新的文化环境，这时就会对新的文化进行理性分析，并从主观上愿意适应新的文化形式。

其四，主动了解和自觉适应。跨文化意识的第四个阶段是交际者主动了解和自觉适应新的文化形式，并能够利用更多的时间和精力去发掘文化事物产生的原因，也就是对文化冰山下的社会状况、价值观念等进行主动察觉。

这个阶段是跨文化意识培养的较高层次，交际者已经熟悉并能理解新的文化与交际对象，并从主观上愿意改变自己的意识，主动适应和接受新的文化。

（2）培养跨文化意识的步骤。了解了跨文化意识的四个层次以后，通过分析西方跨文化意识的研究成果和我们自身的实际情况可知，对跨文化非语言行为的理解需要交际者首先了解自身的非言语交际行为，这样才能在脑海中进行非语言行为的对比和分析活动，从而正确理解交际信息。

（二）跨文化能力的培养

1. 跨文化能力的内涵

“跨文化能力”指针对跨文化交际过程中出现的关键性问题，如文化差异、文化陌生感、文化内部态度、心理压力等的处理能力。在具体的跨文化交际实践中，跨文化能力体现在得体性和有效性方面。

跨文化能力的得体性（appropriateness）包括以下几个方面，符合目的语文化的社会规范，符合目的语文化的行为模式；符合目的语文化的价值取向。

跨文化能力的有效性（effectiveness）主要指能够实现交际目标。跨文化能力带有内在性，可以由交际者有意识地进行知识输入，并利用一定的语言技巧在跨文化交际的行为中体现出来。

2. 跨文化能力的组成

英国学者拜卢姆（M.Byrum）等人主张，跨文化能力应该包含以下几个方面的内容：

（1）态度（Attitude）。态度是跨文化能力的重要组成部分，指的是交际者对于目的语文化的看法，尤其体现在对自身文化与目的语文化不同之处的态度。在跨文化交际中，交际者应该对交际对方采取积极的态度，同时保持自己的好奇心，利用开放的心态认识自身的民族文化。

（2）知识（Knowledge）。跨文化能力中的知识既包括本人与交际对方所属的国家与民族的社会文化知识，也包括在具体交际过程中，根据需要运用社会文化准则与控制交际进程的知识。

（3）技能（Skills）。技能是跨文化能力的重要方面，首先指理解、说明并建立两种文化间关系的技能，其次包括发现新信息并在交际中使用的技能。

当个人的交际知识增多，交际动机就会增加，直接提高了交际活动的次数与积极性。这种主动积极的交际参与又会增加交际者的交际经验，从而使交际者学习到更多的交际知识，如此形成良性的交际循环模式。

（1）认知能力要素包含以下几个能力要点：掌握目的文化的交际体系，文化理解，认知综合能力。

（2）情感能力要素包含以下几个能力要点：适应动机，身份弹性，审美情趣。

（3）行为能力要素包含以下几个能力要点：技术能力，协同一致能力，应对变化的策略能力。

根据《语境中的跨文化交际》一书，跨文化能力包括以下四种要素：

（1）知识要素。

（2）情感要素。

（3）心智活动特征。

（4）情境特征。

再对其进行扩展，可将跨文化能力概括为四个部分：言语交际能力（verbal communicative competence）、非言语交际能力（nonverbal communicative competence）、跨文化适应能（competence of cultural adaptation/adjustmcnt）、语言规则和交际规则的转化能力（competence of transformation of two rules）。

（1）言语交际能力。在跨文化能力中，言语交际能力是其基础与核心部分，主要包括以下几方面的内容：语法知识，语言概念意义和文化内涵意义的了解与运用能力，语言运用的正确性，语言运用的得体性。言语交际能力并不单单指交际者具备扎实的语言知识，还要求交际者能够根据具体的交际语境来使用语言知识。

（2）非言语交际能力。非言语交际能力在交际行为中也有着重要的影响，不仅能够辅助言语交际的进行，对于交际问题与障碍的化解也大有裨益。具体来说，非言语交际能力指的是言语交际之外的一切交际行为与方式，包括以下几个方面：体态语，如身体的动作、接触等；副语言，如非语言的声音、沉默等；客体语，如服饰、妆容、肤色等；环境语，如空间信息、领地观念、时间信息、颜色等。

由于跨文化交际的进行，非言语交际的作用更加突出，因此重视非言语交际，并在交际中重视不同文化背景下的非言语交际方式十分重要。

（3）跨文化适应能力。跨文化适应能力指的是交际双方对对方文化的适应能力。在跨文化交际实践中，跨文化适应能力的表现具体包括以下几种情况：能够克服文化休克障碍；能够正确认识和了解跨文化交际对象；在交际中能够调整自身的行为方式、交际规则；能够适应新的交际环境，并能在新环境中顺利生活、工作与交际；能够被新的文化交际环境所接受。

（4）语言规则和交际规则的转化能力。语言规则和交际规则的转化能力是跨文化能力的重要体现。语言规则指的是语言的具体规则体系，如语音、词汇、语法等。交际规则，顾名思义就是指导交际进行的行为准则。任何交际行为都包括言语交际行为和非言语交际行为。

在交际中，交际者需要具备扎实的目的语语言规则，还需要学习母语与目的语转换的方式,从而规范自己的言语表达。针对跨文化交际中的文化问题，需要交际者对比与总结目的语与母语文化在思维、风俗、价值观方面的不同点，从而进行规则的转换，促进交际的顺利进行。

3. 跨文化能力的培养

根据上述跨文化能力的相关知识可知，其在跨文化交际中发挥着重要作用。下面对跨文化能力的培养要点进行总结。

（1）了解文化差异。人类文化虽然带有一定的共性，其差异性却是主要的部分。了解文化差异是培养跨文化能力的首要步骤。中西方在具体交际过程中，在问候方式、称呼方式、时间观、价值观、隐私观等很多方面都带有差异性。这些差异的存在都直接影响着跨文化交际的进行。交际者应该在尊重不同文化的基础上，正确了解和处理这些差异才能保证跨文化交际的顺利展开。

虽然文化的内涵十分丰富，但是从根本上说，文化主要包括知识文化和交际文化两个部分。知识文化具体指的是文学、哲学、政治、经济、历史、科技、艺术成就在内的所有知识。交际文化是指思维方式、社会习俗、行为准则和生活习惯等方面。交际能力是知识文化与交际文化的结合，不仅要求交际者具备一定的语言能力，还要求交际者有着灵活的语言使用能力。因此，交际者需要在掌握自身文化与目的语文化差异的基础上，根据具体的语境实施跨文化交际行为。

（2）发展跨文化技能。了解文化差异是发展跨文化技能的保证，具体包含以下几个方面：扫除民族中心主义和思维定式的障碍；在具体的跨文化交际中，培养自身灵活处理交际情景的能力；进一步加深对目的语文化的认识，了解目的语文化现象的深层原因，掌握其内在规律。

（3）提高文化认同度。对我国传统的英语教学模式下的学生进行观察，可以发现很多学生都具有生成正确的语言表达的能力，但表达并不十分“地道”。归根究底，是因为学生的语言表达忽视了语言中的文化因素，加之交际双方的文化认同感不高，从而很可能造成跨文化交际的失败。文化认同指的是个体对自身文化与所依附的文化群体产生的归属感，并在此基础上获取个体文化，同时对其加以保留与丰富的社会心理过程。文化认同感主要体现在以下几个方面：认同不同的社会价值规范，认同不同的宗教信仰，认同不同的风俗习惯，认同不同的语言，认同不同的艺术。

随着国家、地域之间的沟通与合作日益密切，各民族之间的关系也越加

紧密。社会的发展使自身的文化得以传播与发展，同时和其他国家密切的沟通也在潜移默化中促进了文化的融合与交流。

在这一过程中，人们就开始对自身所处的文化群体与异族文化进行对比与分析，并产生着一定的认知与见解。跨文化交际的进行需要不同文化背景下的交际者找到共同的交际话题，并放弃或者变革自身的固有的看法，从而达到求同存异的目的。但是，这并不是说要彻底放弃自身的文化背景。交际者还需要加强文化的自觉性，树立跨文化交际的意识，提升对本民族文化的认同感，从而在跨文化交际中确保本民族文化的生存与发展权利，并积极进行本民族文化的宣传。

提高文化认识度表现出人类对文化内涵产生的共识与认可，因此是跨文化交际活动中重要的语用原则。鉴于此，教师在跨文化能力培养过程中应该让学生充分了解中华的优秀文化，启发学生的民族自尊心、自豪感，并能使学生使用英语进行中华文化的表达，推动我国优秀文化的传播。同时，提高文化认同度能够防范民族中心主义在跨文化交际中的不良影响，帮助学生使用理性的思维模式去看待不同的文化。跨文化交际的过程也是交际者定位自身文化、适应多元文化的过程，是跨文化交际顺利进行的重要前提。

（4）处理文化间的认知关系。跨文化能力培养中树立正确的认知体系还需要处理好文化间的认知关系，具体来说应该处理好本土文化与英语文化、英语功用性与人文性的认知关系。

第一，处理本土文化与英语文化的认知关系。在经济全球化的时代，英语作为一种通用语言在全世界范围内广泛应用。学者克里斯特尔（Crystal D）指出，英语作为世界通用语言主要包含以下两种含义：英语为全世界英语使用者所共同享有，英语中应该包含不同地域文化特征的本土化的英语表达形式。

我国十分重视英语的学习，这不仅是我国学生了解世界的方式，也是利用英语让世界了解中国的有效途径。从这个意义上说，英语交流是一种双向互动的方式。但是，我国传统的英语教学主要是一种单向的知识灌输，忽视了对文化与交际的教学。同时，教学中主要是介绍英美国家的文化对中国社会文化产生的影响，而忽视了中国传统文化的学习。

跨文化能力的培养需要教师正确处理本土文化与英语文化的认知关系。英语能力的欠缺，一方面是学习者语言基础知识不牢固，另一方面也反映出了学习者文化知识的欠缺。这种文化知识的欠缺不仅是对西方文化的陌生，也表现在对本土文化的不了解。在跨文化交际过程中，如果交际者缺少对本土文化的了解，就可能在表达中国特有文化思想上产生困难，从而影响整个交际的进行。综上所述，处理本土文化与英语文化的认知关系可以从以下几个角度着手：

第一，重视母语与母语文化的学习。语言是民族特征的反映，蕴含着不同民族的历史与文化，也反映出了不同民族的思维方式、生活方式和认知方式。汉语的学习使得人们形成了汉语思维方式，通过汉语文化的学习，能够实现对本民族文化的传承与发扬。英语是世界通用语言，不同的民族根据自身需要可以对英语进行变体，从而适应自身的需求。“中式英语”就是英语的重要变体之一。在使用“中式英语”过程中，应该注意以下几个方面的问题：通过使用合乎英语语言规则的方式提高“中式英语”的可接受程度；在语言表达过程中要注意中国特色文化的凸显；针对交际中出现或可能出现的民族文化冲突，交际者要通过自己的解释让交际对方理解，从而顺利完成跨文化交际的任务。

在跨文化能力的培养过程中应该处理好本土文化与英语文化的认知关系，平衡好英语教学中中国优秀文化与英语文化之间的比例关系。高职英语教学应该重视吸收西方文化的精华，同时不能忽视利用“中式英语”达到对外宣传我国文化的作用，要充分发挥英语的双向交流与沟通的作用，提高学习者的跨文化能力、文化理解能力，从而能够更加游刃有余地应对跨文化交际的实践。

第二，处理英语功用性与人文性的认知关系。语言是人类进行交际的工具，也承载着丰富的文化，体现出了人类的文明程度。从这个意义上说，英语具有功用性与人文性的双重特质。

英语的功用性主要体现在其认识世界、改造世界的功能以及交际功能上。英语的人文性体现在英语的教化功能，通过英语能够进行文化的传承与教育，从而帮助学习者塑造良好的人格。学习者通过带有人文性的语言学习，能够获得一定的暗示与引导，提高自身的人文素质。英语的学习首先吸引人的是它的实用价值，现如今英语水平和学生的升学、毕业、留学、就业等息息相关，甚至在一定程度上能够体现出一个人的社会地位。

随着时代竞争性的提高，很多学习者都想通过英语来达成自身的现实目的。很多高职院校以此为教学目的，纷纷开设了英语实用类课程。虽然从短期看，实用性指导下的英语教学能够完成教学目标，对学习者的现实目的有一定的帮助，但是从长远看，实用性指导下的英语教学忽视了英语的人文性，学生的人文修养、人性的培养缺失，不利于学生精神层面的建设。实用性下的英语教学可以直观地通过考试来测试学生的语言知识与技能，却很难量化学生的人文素养。跨文化交际不仅是对学生知识与技能的挑战，也需要学生具备一定的人文素养与文化底蕴。学生跨文化能力的培养应该重视语言的功用性，并体现出语言的人文性。

三、跨文化交际学科面临的机遇

随着全球化的深入，各个领域在全球范围内的跨国交流与日俱增，一些传统的学科已无法适应时代的要求。今天，各种以“跨文化”命名的学科如雨后春笋般涌现，如跨文化教育学、跨文化管理学、跨文化心理学、跨文化市场营销学、跨文化经营学、跨文化谈判学、跨文化传播学、跨文化比较研究学、跨文化广告学、跨文化领导学、跨文化行为学、跨文化哲学、跨文化历史学、跨文化文献学、跨文化美学、跨文化社会学等。这些以“跨文化”命名的学科不断产生，一方面表明跨文化交流不仅存在于有形的文化交流活动，而且正渗透到文化的各个领域，包括价值观的碰撞、行为习俗的融合等，表明了全球文化与本土文化既高度综合又日益分化的趋势；另一方面，这些以“跨文化”命名的学科促进了跨文化交际学的发展，为跨文化交际教育带来了新的机遇。因为这些以“跨文化”命名的学科与跨文化交际学学科有着非常紧密的联系，对跨文化交际学科的建设起着直接或间接的影响和推动作用。例如，跨文化心理学和跨文化教育学对跨文化交际学的发展有着直接的促进作用。跨文化交际的过程，实质上就是跨文化心理调适和互动的过程，同时也是跨文化学习和教育的过程。不同民族的文化都与不同民族的心理紧密联系在一起，而不同民族心理都由不同民族的教育方式、教育内容、教育环境等决定。跨文化交际研究反过来又促进跨文化交际教育的开展。因此，全球化背景下的跨文化学科的迅速发展，无疑为跨文化交际学学科带来勃勃生机，也预示着跨文化交际教育的春天已经来临。文化的跨国合作在全球化背景下也呈现出繁荣的景象，其深度及广度超过人类历史上任何一个时期。目前，国内很大一部分高校已开展与国外高校联合办学项目，每年相关教育机构在广州、深圳都会举办一两次留学教育展。除此之外，跨国艺术展、国际文化年、维也纳音乐会等各种形式的文化活动在全球范围流动，极大地推动跨文化交际。所有这一切使得全球对世界公民、对国际化人才的需求不断增加。同时，大量海外留学生在异国求学，对跨文化交际的需要同样呈现出上升的趋势。一方面，跨文化意识的觉醒，对具有跨文化交际能力的人才需求倍增；另一方面，跨文化交际能力在全球化语境中尤为重要。这要求我们在教育工作中深入开展跨文化教育，由此为跨文化交际教育带来新的机遇。

四、跨文化交际学科面临的挑战

跨文化交际面临的挑战是交际者感知和应对现实与“流动着的”事务的能力，不仅是知晓和记忆一些固定的知识。诚然，跨文化交际不仅包括知识向度，如目标语民族相关的文化事实，包括历史发展、社会制度、一般习俗、各种特定场合的礼仪和禁忌等，也指向在具体情境中个人主观演绎规范的能力。

在跨文化教育发展中，联合国教科文组织发挥了巨大的作用。我们可以看到，联合国教科文组织对跨文化教育的作用、目的、原则及内容等都构建了比较完整的框架模式。透过这些原则和内容我们同时看到，联合国教科文组织的跨文化教育重点强调跨文化理解与交流，跨文化知识传播与开放，尊重、宽容跨文化态度的养成，而不涉及跨文化选择，特别不涉及如何选择外来文化促进本体文化的发展。实际上，跨文化选择对于我们的跨文化教育更为重要。不可否认，跨文化教育的目的之一是为了促进世界各国对彼此间文化的相互了解和理解，增强彼此之间的公正、团结与容忍，引导他们以开放的心态面对世界的文化差异。但我们应清醒地认识到，全球化是起始于西方帝国主义对全球非发达国家的经济掠夺和文化入侵基础之上的，在全球以西方文化为模板、以美国价值观为参照的今天，我们的文化身份能否保持？我们的文化出路在哪里？我们应如何参照借鉴学习外来文化？这些都是跨文化交际教育不容忽视的问题。人们通常所称的“硬实力”包括一个国家的经济规模、军事力量、科技水平等，与之相对应，“软实力”则包括“意识形态和政治价值的吸引力、文化（尤其是通俗文化）的感召力，在国际政治中的结盟能力，利用现有国际组织的能力等”。“软实力”可以定义为“通过吸引别人而不是强制他们达到你想要达到的目的的能力”。从以上论述可以看出，“软实力”在一定程度上指的是一种“文化实力”。“全球化时代，一个民族的文化特别是一个大国的文化总是作为软实力而存在。”我们同时必须认识到，美国的流行音乐、好莱坞电影、NBA 篮球赛等这些文化只是美国软实力的一部分，虽然极容易渗透到他国文化，但它并不能成为消融他国文化的决定性因素。正如伊万斯所言：一个民族的荣誉不在于它的经济指数、可获得保险金额及牛仔裤的名气，而在于它的理想、对资源的利用，以及在骄傲和贪恋的诱惑中如何塑造自己。一个国家的软实力更多地潜藏在价值观等深层文化中。

现在，很多外语教师开始重视对学生跨文化交际能力的培养，在教学中有意识地输入目的语文化，如介绍西方国家的节日、西方国家的风俗礼仪等。这样的介绍无疑是必要的，但并没有触及目的语文化的核心，不能被看成跨文化交际教育的全部。这样散乱地介绍实际上割裂了文化的历史性和关联性，易使学生忽略对目的语深层文化的理解和认识，使其无法有效地进行深层次的跨文化沟通和交流。因此，在全球化背景下，尤其是美国文化迅速扩张的背景下，怎样从简单介绍西方如英美国家的表层文化到深刻理解其价值文化，也是全球化给跨文化交际教育带来的挑战之一。

随着经济全球化程度的提升，各民族的文化都被带入全面的交流，形成

一个多元文化格局。在全球文化交往中，一方面，不同文化的冲突在所难免；另一方面，各民族文化都将吸收其他民族文化的精华来优化自己民族的文化，进而出现不同文化的相互融合趋势。全球文化正是在这种冲突、融合的过程中走向新的文化发展阶段的。这一发展过程离不开教育这一重要途径，离不开教育对文化的选择、传递与传播。因此，跨文化交际教育是跨文化交际的桥梁，在全球化不断深化的今天，有着深远的、无可替代的意义。

第四节　跨文化背景下高职英语教学模式的构建

一、跨文化交际研究目的

跨文化交际指的是不同文化背景的个人之间的交际，也就是不同文化背景的人之间产生相互作用。跨文化交际研究的目的主要有以下三点：

第一，培养人们对不同的文化持积极理解的态度。文化是有差异的，通过发现对方的不同点，反过来加深对自身文化的理解，从而做到客观地把握各自的文化特性。在发现差异的过程中，也要注意不可忽视大量的共同之处。

第二，培养跨文化接触时的适应能力。初次与不同的文化接触时，往往会受到文化冲击（culture shock），从而产生某种不适应。要使交际得以继续下去，必须设法减缓冲击，提高适应能力。

第三，培养跨文化交际的技能。随着对外开放的进一步扩大，走出国门或留在国内参与跨文化交际的人越来越多，他们都需要学习、掌握与不同文化背景的人打交道的实际技能。在美国，除了在学校开设这方面的课程之外，社会上，如商业界，也有许多机构专门负责跨文化交际技能的培训，以适应国际化社会的需要。可以说，正是基于这一点，跨文化交际研究的实践意义要大于理论意义。

西方文化认为，人应该主宰自然，自然是人的征服对象，人类可以利用不断提高的科学技术改造自然、战胜自然，人是万物之中心。与此对应，东方文化认为，人与自然是一种协调关系，人与自然紧密相关，人类不是改造自然，而是适应自然，利用自然的条件为人类服务。所谓价值观，就是判断好坏、是非的标准，它会将人的行为引至某个方向。在跨文化交际过程中，对于隐藏在文化深层的价值观是回避不了的，人们恰恰是通过了解价值观的不同，加深对跨文化交际的理解。这是因为跨文化交际过程中出现问题的时候，往往是在不同的价值观念发生对立的时候。文化具有鲜明的个性，不同的文化之间自然会产生差异，文化差异反映到语言上，就成为语言上的差异。语言既是文化的产物，又是文化的一种表现形式，语言的使用一定得遵循文化的规则。换言之，文化决定思维、决定语言的表达方式。我们设想一下外国人学习汉语时，要学会正确使用“我说些肤浅的意见，不对的地方请批评指正”这样的句子，除了需要语言本身的知识以外，还必须习得中国社会和文化方面的知识。不需要社会、文化背景知识而能造出的句子，几乎都是有关事实或状态方面的描写。例如“我姐姐是一名学生”“天安门广场很大”等，这些句子原样译成任何语言都说得过去。然而，有许多句子直译过去要么不通，要么不符合对方的社会、文化、规则而不被理解。

二、跨文化交际能力的培养目标

跨文化交际能力培养并非试图改变人们的基本个性和特点，而是增加其社交技巧和处理事务的技巧等，所以跨文化交际的教学目标是增加认知能力，强调情感能力，改变行为方式。同时在确定具体教学目标之前应该了解学生的学习动机，根据具体情况制定教学目标。例如，培训在外国工作人员的目标应该是：学习该国文化的政治、经济和商务惯例；知道应对新环境的方法；了解生活条件，包括学校、公共卫生设施和娱乐设施等。这些教学目标强调跨文化交际能力的认知内容，除此之外，情感内容和行为内容，即减压方法、领导技巧、交际技巧和协商技巧等也不容忽视。

对于外语教学而言，我国教育部要求教学目标应该包含培养跨文化交际能力，目的是提高英语应用能力和文化素养以适应我国对外交流的需要。而提高跨文化交际能力的目标就是要培养语言知识、社会文化语言能力、策略能力和文化素养为一体的高素质、复合型国际化人才。更详细地说，语言知识包括语言的基础知识和篇章知识。社会文化语言能力包括语言功能知识和语言所蕴含的社会语言文化知识。策略能力包括评估能力，即对交际环境和形式的评估并选择得体的语篇和语言；目标设定能力，即根据交际环境和形式确立合适的交际目标和反馈；策划能力，即根据交际情景和场合决定选用哪些合适的语言知识要素和背景知识要素来达到交际目标；语言行为控制能力，即能够自如地调出和组织所需语言知识成分。

所以，要培养一名在国际化环境中具备跨文化素养、语言交际能力、行为得体、善于沟通的复合型国际化人才，我们应该在外语教学中引入文化教学，注重社会文化因素和个人情感因素在跨文化交际能力培养中的作用。

三、跨文化交际与英语教学

英语教学不仅传授语言知识，更重要的是培养学生的交际能力，培养他们应用英语进行跨文化交际的能力。从这个意义出发，将英语教学看作跨文化教育的一环更恰当。但是，在跨文化交际时往往会出现问题。这些情况从某种意义上折射出英语教学存在的问题。

第一点，把学习语法和词汇当作英语学习的全部。这样教育出来的学生不但传递信息的能力很差，就连获取信息的能力也很差，综合交际能力低下。

第二点，学习方法陈旧，只见树木不见森林。注意力往往集中在词、句的理解上，较少注意篇章，往往重视信息的接收，忽略信息的发出。

在中国，人们对跨文化理解的重要性认识还处于较低层次，相当一部分人认为这只不过是学习英语的问题。他们觉得，只要会英语，剩下的凭常识、按习惯就可以解决。然而，常识这个东西并不一定具有普遍性，它因文化背景的不同而有所区别。在中国文化背景下属于常识性的行为，换在某个外国的背景下可能成为一种不合常识的行为；在某种文化下属于很礼貌的行为，在另一种文化下可能被视为无礼；一种文化下的人怀着敬意说出的话，另一种文化下的人可能理解成一句侮辱性的话；拿汉语的习惯去套英语，有的时候是正确的，有的时候则会套错。有些人将跨文化交际等同于英语的听、说、读、写四会能力。四会能力固然很重要，它是跨文化交际的重要基础，但远不是问题全部。语言是文化的产物，它具有深刻的文化内涵。与不同的对象，在什么样的情况下，如何表述一个思想，与文化背景密切相关。“如何说”“不说什么”，有时候比“说什么”更加重要。仅运用语法正确的英语不足以与外国人打好交道。

英语教学的根本目的就是为了实现跨文化交际，就是为了与不同文化背景的人进行交流。大面积、全面提高英语教学的效率和质量，大幅度地提高学生的英语应用能力，既是中国国民经济发展的迫切需要，又是跨世纪的中国高等教育的一项紧迫任务。为了实现这个目标，我们要正确认识到英语教育是跨文化教育的一环，把语言看作是与文化、社会密不可分的一个整体，并在教学大纲、教材、课堂教学、语言测试及英语的第二课堂里全面反映出来。

四、跨文化交际英语教学方式

在跨文化交际的英语教学中，可采取几种不同的方式：第一，在外语教学过程中开设文化课程；第二，将文化因素融入外语课程；第三，课外文化体验或实践活动。文化教学的对象主要是在校学生，他们有机会参与各种形式的跨文化交流活动，如听外籍教师讲课、参加国际学术会议、短期或长期出国学习、参加国际夏令营、去跨国公司实习等。自20世纪中叶以来，由于受到人类学和社会学的影响，外语教学研究者们开始认识到，了解目的语民族的风俗习惯、生活方式、思维方式、价值观念等文化因素，对于学习该民族的语言十分重要。国内外学者纷纷著书立说，阐明文化与语言的关系，研究如何选择文化教学的内容，如何将文化教学与语言教学有机结合起来等。

在文化教学研究方面，国外学者各抒己见，提出不少有价值的见解。诺斯特兰德（Nostrand）指出，文化教学的总目标是跨文化理解和跨文化交际。文化教学除了认知因素以外，还应包括社会和情感因素。

五、国外语言文化教学的模式

第一，分离式。在语言教学的交际法推广之前，语言文化教学基本上是分离式的，将文化看作可以和语言分离开的知识，仅在语言教学中加入这一知识课程，在语言教学中表现为“重语轻文”。

第二，附加式。交际法将文化看作行为，语言交际教学以培养学生的交际能力为主。语言文化教学实践中，将文化附着在语言教学上，将文化视为听、说、读、写能力之外的第五项技能，被作为外语教学的一个附加部分来对待。

第三，人们认为在语言教学中如果强调了语言，就会忽视文化；强调了交际，就会忽视语法。同时，为了教学的方便，教学实践中将语言和文化分开，造成语言和文化的实质分离。实际上，应该将语言和文化视为一枚硬币的两面，把语言和文化的教学融为一体。

第四，文化教学模式，包含了语言学习、语言认知、文化认知和文化经验四个要素。语言教学与文化教学结合，通过培养学习者的跨文化意识和增加学习者的跨文化体验，使学习者认识到看待世界的不同角度和观点。同时，这种跨文化视角亦能促进语言学习，以及语言意识和文化意识的提升。

第三章　跨文化背景下高职英语自主学习探索

当前，随着新一轮英语教学的改革，尤其是高职英语的改革，特别是把自主学习当成一种全新的教学理念，俨然已成为高职英语教学改革的主导思想。当前各大专院校为了贯彻改革精神，正努力采用高职英语网络教学模式，积极鼓励学生学习外语，要朝着自主性、个性化的方向发展。

第一节　自主学习概述

一、自主学习的理论基础

自主学习又称为自我指导学习，是一种以人本主义为主的现代学习理念，也是目前应用语言学研究的一个重要课题。

（一）人本主义心理学

人本主义心理学是在美国兴起的一个重要学派，兴起于20世纪五六十年代。它反对行为主义把人看作是动物或机器，不重视人类自身的特征，同时也批评认知行为能力，但却忽视了其他方面对学习的影响。他们以为心理学应该探讨“完整的人”，而不是简单地把人的认知过程分割出来加以分析，强调其发展的潜能，而且有发挥潜能的内在倾向。罗杰斯（G.R.Rogers）作为人本主义代表人物，对学习问题进行了专门的阐述。

罗杰斯认为学生学习有两种类型：认知学习与经验学习。两者的学习方式分别对应为：学生无意义学习和有意义学习。他认为认知学习和无意义学习以及经验学习都是一致的。原因是认知学习不介入情感和个人意义，它是一种“局部的学习”，所以与“完整的人”无关，是一种没有意义的学习。因此，我们说经验学习一定是有意义的学习，并能有效地促进个体的发展。因为经验学习把学生良好的愿望、浓厚的兴趣和需求紧密地结合起来，我们所说的有意义学习，它不仅是一种知识积累的学习，而且是一种很多人在一起的很大变化的学习。因此，学习者懂得学习的意义非常重要，也可以说学习是有目的、有意义的学习。那么什么是有意义的学习呢？罗杰斯认为，构成个人的认知和情感均投入学习活动之中；学习是学习者自动自发（self-initiated）进行的，学生最清楚这种学习是否满足了自己的需求、是否有助于实现他的学习目标、是否掌握了原先不确定或不知道的知识。因此，学生能对学习产生兴趣，并能结合到学习系统之中。

所谓的人本主义建立在学习的基础之上。教学的结果表明，一种教学方式如若不是受益的，那就可能是有害的。因为教师的任务不仅仅是教学生学习知识，也不单单是提供一种学习的环境，还是让学生自己去决定怎么学习的指导者。所以，就有人主张废除“教师”这一角色，用“学习的促进者”来代替。

总之，我们说人本主义的学习和教育教学方法着实影响了教育的发展。

（二）认知心理学

1. 认知主义学习理论

认知主义学习理论研究人的认知过程，强调学生对外部刺激（即所学知识）的加工处理、内化吸收等高级心理过程的重要性。认知心理学家试图把认知心理学的理论用于外语教学当中。因为他们比较重视人的感知、理解及思维等诸多智力因素的积极作用。认知主义学习理论的代表人物有韦特墨（Max Wertheimer）、托尔曼（Edward Chace Tolman）、皮亚杰（Jean Piaget）、布鲁纳（J.S.Bruner）等。心理学家认为人获得和运用知识，依赖于人的一系列心理活动，如知觉、注意、记忆、学习、思维、决策、解决问题、理解和产生语言等，这些心理活动的总称便是认知。其中又以皮亚杰的“发生认识”和布鲁纳的“基本结构理论”及“发现学习法”对教学产生的影响最为深远。

皮亚杰认为，个体和环境在不断地相互作用中结合起来，引向对世界的重新感知和对知识的重新组织。新经验与过去存在的认识结构相互作用，实现优化原有认知结构的目的。皮亚杰把人们的认知结构称为图式，就是指构成可能有组织的行为类型的认知能力。人们在从事各种活动的过程中，一般通过与环境间的关系建立起一系列的图式，所以图式在适应环境的过程中不断得到充实与更新，这样就能更好地符合现实世界的要求。

布鲁纳在接受并继承了皮亚杰观点的基础上，逐步形成了自己的理论——“基本结构理论”和发现学习法。布鲁纳以为，人们是通过三种方式来认识世界的：通过图片形象，通过做动作，通过某种社会标准手段。布鲁纳认为，行为把握即从图像把握到符号把握的过程，从而形成了学习者的认知发展、成长过程。他倡导在教学过程中要让学生掌握知识的基本结构，如概念、基本原理、规则等，通过对基本结构的掌握，学生更容易理解本学科所学知识在记忆中能保持得更长久，各个学科知识更能够融会贯通。布鲁纳的“发现学习法”主要是培养学生的探究性思维方法。“发现学习法”在肯定“系统学习”重要性的同时，扬弃注入式教学；在主张学生要独立思考的同时，指出“思考”的对象应该是智力性和技能性的基本问题。认知主义学习理论认为，一方面客观世界和社会发展制约着人的发展规律，另一方面人充分发展的目的又在于认识世界和社会及其发展的客观规律，并根据其内在逻辑发展规律能动地、创造性地改造世界和社会，并不断推动世界和社会的物质文明和精神文明的发展；而世界和社会的发展又反作用于人自己，不断促进人的充分全面发展和个性自由解放。英语教学发展和实施的目的也在于培养学生综合素质的充分发展，并使其个性获得自主、自觉和自由发展。这不仅是学生发展的需要，同时也是社会物质文明和精神文明共同发展的需要，更是创建和完善中国特色社会主义外语教育教学体系的需要。有学者提出了“发现学习法”的局限性。他们认为，让学生自己发现全部文化内容是非常困难的；“发现学习法”适合学习较为简单的内容；对答案的猜测大大影响了对基本规则的理解。但“发现学习法”强调内部动机的作用，指出了直接经验的重要性，关注直觉思维与逻辑思维等论点，这对学生探究性思维方式的形成起到了积极的作用。

2. 建构主义学习理论

所谓的建构主义是关于学生认知发展的学科。由于个体的认知发展与学习过程紧密相关，所以利用建构主义可以说明认知规律，它能较好地说明学习是怎么发生的，它的意义是如何建构的，概念是怎么形成的，加之理想的学习环境应包含的因素等。总的来说，是在建构主义理论的指导下，形成一套新的认知水平。那么，我们可从“学习的含义”与“学习的方法”这两个方面来说明建构主义学习理论的主要内容。

（1）关于学习的含义。建构主义认为，学生的知识是在一定的语言环境中得到的，不是单单通过教师传授得到的，还可以借助中其他人的帮助或利用一些辅助资料，通过建构的方式而获得。因为学习是在一定的语境中，借助其他人的帮助来实现的意义建构，所以建构主义学习理论认为“情境”“协作”“会话”和“意义建构”是学习环境中的四大要素。

所谓的“情境”，是指学生在学习环境中的情境中对所学内容、对所掌握内容的意义进行建构的过程。这样就对教学环节提出了新的要求。换句话说，是在建构主义学习环境下，我们所说的教学设想。

所谓的“协作”贯穿于学习的全过程。比如对学习材料的积累与分析、假设的提出与验证、学习成果的评价以及意义的最终构建，都涉及协作。它既包括学生之间的相互协作，也包括教师与学生、教师与教师之间的协作。

所谓的“会话”是协作过程中一个重要的环节。每个小组成员之间必须通过会话商讨来完成规定的学习任务。除此之外，协作学习过程也是一个会话过程，在这个发展中，每个人的收获由整个学习群体所共同拥有，所以说会话是达到目的的一个非常重要的环节。

所谓的“意义建构”是整个学习过程的最高境界。它是指事物的性质、发展规律以及事物之间发展的内在联系。在整个过程中帮助学生建构意义就是要帮助学生对事物的性质、发展规律以及事物本身产生较深刻的理解。这种理解在人的潜意识中长期构建的“图式”就是关于当前所讲知识的认知结构。

综上所述，学习的好坏是对学习者建构意义能力的检验，而不是学生重现教师思维过程能力的检验。换言之，学习者自身的努力是对获得知识的一个检验，而不是靠学习者机械地记忆所掌握的知识。

（2）关于学习的方法。在教师指导下，学生以学习为主要目的，也就是说，既强调学生的主体作用，又不排斥教师的主导作用，每个教师都是意义建构的指导者、传播者，而不是知识的灌输者。学生是材料加工的主体，而不是局部的被动接受者和被灌输的机器。

学生要想成为一个主动建构者，那就要求学生在接受知识的过程中，从以下几个方面来发挥他们的作用：①要充分利用探索法和发现法来理解建构知识的内涵；②在学习过程中，要求学生主动去搜集信息，对所学习的知识要提出各种疑问并能加以验证；③学生要把学习内容和自己的生活实际相融合，并对这种融合加以认真的思考。“融合”与“思考”是意义构建的关键。学生在学习中把融合与思考的过程与协作学习中的交流、讨论能有机地结合起来，那么学生建构意义的效率会更高，质量也会更好。协商有“内部协商”与“社会协商”两种，内部协商是指自己争辩是否正确，社会协商则指学习小组内部之间的讨论。

所以说教师要想成为学生的帮助者，就要求教师在教学过程中从以下几点发挥自己的作用：①能够激发学生的学习兴趣，激发学生的求知欲望；②能够通过创设教学情境，让学生注重联系新、旧知识，这样能帮助学生建构所学；③教师应在可能的条件下开展使学生朝有利于意义建构的方向发展。

它的方法包括能提出问题让学生来分析解答；学生在交流中设法把问题逐步引入并加深学生对内容的理解和掌握；还要引导学生去发现认知规律，能够准确纠正错误，改正片面的认知。

二、自主学习与外语自主学习

在课程论领域，培养学生的自主学习能力被作为一项重要的课程目标，自主学习被看成课程实施的一种重要手段而对之加以研究；在教学论领域，自主学习被视为一种重要的教学方法，研究者关心如何通过学生的自主学习来克服其学习的被动性，体现其主动性；在学习论领域，自主学习则被看成一种高水平的学习方式，研究者关心如何通过学生的自我调节水平来改善他们的学习成绩，使他们成长为有效的学习者。实际上，培养学生自主学习能力能够提高他们的在校成绩，并且还能为他们在学习型社会中实现可持续能力的发展奠定坚实的基础。可见，学习就显得更加重要了。

（一）自主学习的含义

源于20世纪60年代的自主学习，开始了对“终身学习技能”和培养“独立的思考者”的讨论。不同的学者由于所处的理论立场、所采用的研究方法的不同，对于自主学习究竟指的是什么持有不同的观点。

以维果斯基为代表的维列鲁派认为自主学习本质上是一种自我指导过程，是利用个体内部言语调节自己的学习过程；以班杜拉为代表的社会学习理论学派认为自主学习本质上是学生基于学习行为的预期、计划与行为现实之间的对比、评价来对学习进行调节和控制的过程；以弗拉维尔为代表的学者认为，自主学习实际上是最原始的学习，是学生根据自己的学习基础、知识掌握多少，主动地调整学习策略和努力程度的过程；齐莫曼主张从以下两个维度来界定自主学习：培养学习环境、加强学习的社会性。

在总结、借鉴他人研究成果的基础上，可以认为自主学习就是指学生在学习的诸多方面都能主动地做出选择和控制。例如：学习实践是他自我筹划和发起的，学生能够主动营造一个良好的学习氛围，并能够对学习结果做出自我评价，那么他的学习就是主动学习；相反，要是学生在学习上如前面所讲的完全依赖于他人指导，那他的学习就是不自主的。

纵向角度所说的自主学习是指从学习的整个过程抓住问题的实质，假如学生在自主学习之前就能够自我反馈和调节，在学习活动结束后能够对学习结果进行自检、自我调控，那么他的学习就是自主的；如果学生在整个学习过程中完全依靠教师或他人的指导和调控，其学习就不是自主的。

（二）外语自主学习的定义

拉图（Little）和肯尼（Kenny）将自主学习归为个人特征。拉图将自主学习看作是学习者的心理变化与学习过程和内容之间联系的纽带。他认为学习者能为自己的学习抓住机会，提供条件，而不是简单地对教师所提供的问题做出反应；不是被动地等待学习的来临，而是主动促使学习过程的产生。学生学习时不能死记硬背，要有一个积极的、能从事件中寻求答案的过程，这就是主动实现意义建构的过程。

本森（Benson）认为学习的自主性代表着“在教育体制内对学习者权力的认可”。文登（Wenden）则对成功的外语自主学习者进行了归纳：

“实际上，那些成功的、具有专业知识和技能的、有才智的学习者已经学会了怎样学习，他们已经获得了学习策略和有关学习的知识和技能；他们也具备了充满信心地、灵活地、恰当地、独立地运用这些知识和技能的态度，所以他们被称为自主的。”

但是，努南（Nunan）认为“完全意义上的外语自主学习者是一种理想，而不是现实”。他阐述说，“自主”有不同的程度，学习者达到不同程度的“自主”的潜能取决于很多因素，如学习者的个性、学生设定的学习目标、拥有的教育理念和文化背景等。除此之外，他还指出学习者的自主程度在一段时间内会存在一定的浮动；在不同的知识和技能领域，学习者的自主学习也存在一定的不确定性因素。

英语教育教学不仅是以学定教，还需有以教导学的理念，以学定教与以教导学是一对对立的统一体。以教导学理念认为，学生不只是知识的被动接受者和使用者，而且也是在教师的指导下能更积极地获取有效的知识、技能和能力的学习者。英语学习过程就是学生在教师的指导下，在自己已经掌握知识、经验的基础上逐步掌握英语知识的过程。这里所说的知识是指广义的知识，里边包含陈述性知识、程序性知识以及策略性知识。所谓的陈述性知识一般是指英语的语音、词汇和语法知识；程序性知识一般指在交际时运用英语知识的技能和能力；策略性知识是指内在调控的认知策略和方法。所以说学习英语不是机械地接受知识的过程，学生本身也不是被动地听讲、盲目地接收信息的机器。学习英语是学生经教师指导，结合自己的兴趣，并根据需要、体验、经验、价值取向、信念和实际的认知及相关知识水平去积极主动地学习和逐步运用知识的过程。这是一个教学、师生互动的知识成长和生成的过程。

高职英语教育不仅是以学定教、以教导学，而且还需多学精教。英语教育一方面是师生之间双主体与被学习的英语客体之间互动的过程，而且也是

主体、客体及客观情境三者之间互动的过程，甚至还是主客体情景交融的多向互动的过程。多学精教理念是指在师、生、情境、英语、情意互动的过程中学生要积极主动地多学、多用，而教师则充分利用具体、客观的情境在学生已有知识、经验的基础上精教知识的重点和难点，以便腾出更多的时间让学生多学、多用。这里的具体、客观情境既指狭义的英语语境，同时也包含广义的客观现实与客观世界。英语教育教学只有在具体的情境中，并在学生已有的知识、经验基础上进行教学才能达到精教知识的重点和难点的目标，并更易为学生理解和掌握。

因为情境是语言的直接现实，缺少或缺失客观情境，语言就难以产生和存在，也难以理解和掌握；在学生已有知识和经验基础上精教新知识，既能节约教的时间，又便于学生理解和吸收，而且新旧知识融合所形成的新知识结构网络，也有利于学生记忆和快捷提取运用。在具体的情境中，并在学生已学知识、记忆的基础上精教，自然就能腾出更多的时间给学生学习。更重要的是，在英语教学的情境中，运用英语吸收和传递信息，就是实际运用英语的能力，也是英语教育主要的本质目标之一。

（三）自主学习在外语学习上的主要成分

1. 态度

态度应该包括以下几种成分：①认知成分，即对某一目标的信念；②情感成分，即对某一目标的好恶程度；③意动成分，即对某一目标的行动意向及实际行动。可见，态度作为情感因素之一，对某一具体目标的实施和达成有着极为重要的作用。Stem 教育认为外语学习过程中包括三种态度：①对目的语社团和本族语者的态度；②对学习该语言的态度；③对语言和语言学习的态度。常言说：“兴趣是最好的老师。”如果学习者对某外族文化感到非常好奇，急于了解它的历史、文化背景、风俗习惯，渴望尝试其生活方式，那么学习就由“我必须学”变成了“我要学”，而“我要学”就有利于发挥自己的主观能动性，发掘自己的潜能，整个学习过程中会一丝不苟，那么就能顺利地掌握这门语言。而且如果对某一语言抱有好感，对该语言的结构和表达法感到新奇，那么对这样的学习者来说学习这一语言是一个不断发现新鲜事物的过程，学习对他来说是一种乐趣，是一种探索；相反，把外语想象得十分困难，觉得外语表达法别扭，持这样态度的学习者对外语学习畏之如虎，学习的效果毫无疑问会受其影响。学习材料是否生动有趣，课堂活动是否活泼多样，决定了学习是否快乐，是否为一种享受，也决定了学生的学习效率与效果。此外，教师的人格魅力是培养学生兴趣的一个直接的因素，学生往往由喜欢一个教师进而喜欢教师所教的这门学科。热情、活泼、大方、博学多才的老师必然会对学生的学习产生积极而深远的影响。

为考试而学习的英语教育脱离了社会特定情境的实际情况，脱离了学生生活和实践的体验，脱离了学生思想情感、积极学习态度的实际，而过于强调接受学习、生搬硬套、机械模仿训练的学习方式，经常采用题海战术去检测学生掌握和运用英语的能力，从而获得考试合格或良好的成绩。这样的学习对学生来说仅是为了应试，学习英语反而成了思想的负担，压力沉重的心态、枯燥乏味的学习和操练，使学生几乎成了应试的工具。随之而来的是学生心中抑制的紧张、压抑、苦闷等消极情绪。消极学习成了一座大山，压得学生喘不过气来，从而也造成花时多、收效微的学与教的不良后果。学生学习英语只有以积极的学习态度，自觉主动地动脑、动耳、动眼、动手等多感官多渠道地学习和运用英语知识、发展英语技能和交际运用英语的能力，才能快捷、有效地培养英语素养。

积极主动的学习态度是人文精神的重要体现。积极有效的学习所倡导的是学生作为学习英语的主人和创造者，关注个性自由发展，积极调动学生主动学习，培养学生良好的学习习惯，积极有效地参与创设的生活情境、相互协作的言语交际活动，才能培养合作交往的能力。这样，英语素养与积极的学习态度协调发展，才能使英语学习达到事半功倍的成效。

可见，不同的学习态度决定不同的学习动机和学习效率。较好的学习态度是学习成功的关键因素之一。只有将学习看成是一种兴趣，而不是累赘或负担，才会主动去学，才能不断增强自己的学习能力。学生是否具有学习能力和学习能力水平的高低，不仅决定了他学习接受速度的快慢和学习质量的高低，还决定了他进入社会后是否会学习，是否会自己掌握知识，是否会自己根据工作的需要、发展的需要去主动地学习知识，往往这些正是培养学生可持续发展能力和终身学习所需要的。

2. 能力

自主学习能力培养应该包括三个部分：初始条件分析、元认知策略能力培训，以及教师帮助下的自主学习能力的养成。

初始条件分析所说的初始条件是指学生进入新的教学环境时已具备的有助于学习的知识、技能、信念，它是学生自身现有的可利用的资源和知识结构，由现有知识的数量、清晰度和组织方式组成，对新知识起固定、理解和吸收的作用。

在这一新环境下，了解学生自身的初始条件就显得尤为重要了，首先，现代学习理论的研究表明，在引导学生进入学习，尤其是新的教学环境的过

程时，学习者更需要以个人特征为支撑去顺应或同化外部事物；其次，网络教学是现代技术在教育中的应用，而教育与技术的最完美结合莫过于技术与学习者的结合，只有学生真正适应了现代新兴技术，并能够充分利用好各项资源，技术才能在教育中发挥最大功效，而初始条件提供了技术与人集合的基本保障。

元认知策略能力。美国斯坦福大学心理学家约翰·弗拉维尔（J.H.Flavell）在《认知发展》一书中提出了元认知的概念。他指出："元认知就是个人在对自身认知过程意识的基础上，对其认知过程进行自我反省、自我控制与自我调节。"简单说，元认知就是认知的认知。元认知是心理学专家们一直关注的问题，近年来有越来越多的研究者致力于有关元认知在学习中的作用的研究。

（1）元认知与外语学习的关系。元认知的观点认为，学生完全能够积极主动地激励自己使用各种不同的学习策略和动机策略来促进自己的学习。这些有关元认知和学习活动的研究也表明，元认知适合各种学习任务，是保证学习活动成功的高级技能。

外语学习是学习者获得目的语知识、形成语言技能的过程。从建构主义的角度看外语学习是一个主动建构的过程，既包括对新信息的意义的主动建构，同时又包含对原有经验的重组。学习的过程不是知识传递的过程，而是知识的处理和转换的过程。学习者是知识构建者，是在学习过程中运用工具的主动探索者。因此，外语学习不仅是对所学资料的识别、加工、理解的过程，也是对该过程进行积极监控、自我调节的元认知过程。在外语学习过程中不仅需要学生有浓厚的元认知意识，从而了解自己的学习目的，选出适合自己的学习材料，确立自己的学习目标，选择和完善自己的外语学习方法，而且还需要学习者能够对自己的学习过程和效果进行反思和评估。

向红认为，在整个外语学习机制中，元认知处于最高层，通过学习的调控这一中介，统一协调和观照整个学习情境、学习方法或技能的使用。弗拉维尔认为，通过元认知，个体会知道，是否能够轻松而又顺利地记住一定数量的信息取决于他自己对信息的记忆（个人 + 任务）；他会知道选择适当的策略以符合任务要求的重要性（策略 + 任务）；最后，由于意识到自己所有长处与短处，他会选择一种适合自己学习风格的策略（个人 + 策略）。所有这些都是元认知的作用。

研究发现，元认知能力强的学习者通常具有较高的认知水平，他们能有效地监控、调节自己的学习过程，懂得遵循认知发展规律，了解自身认知特点并进行自我调节，因而学习能力强，学习效果好。反之，元认知能力弱的学习者，认知水平低，学习能力差，学习效果也不理想。

（2）运用元认知理论培养外语自主学习能力。随着人们对外语教与学研究的深入，研究的重点也由研究教师如何教逐步转移到了探讨学生如何学的问题，教学模式也从以教师为中心的传统课堂教学逐步转化成以学生为中心的网络教学，学习方式也发生了改变，传统的课堂学习与计算机网络的自主学习相结合，学生学习的重点不再是目的语本身，而是如何使用目的语来促进理解和表达，如何培养自主学习的能力。

国外大量相关研究结果表明，元认知在语言学习、阅读理解、写作、记忆、注意力、问题解决以及各种自我学习中都起着重要作用。通过对外语学习者进行元认知策略培训，能够转变学习者的学习理念，能够保证学习活动符合认知规律，能够提高学习效率，促进学生独立思考，培养自主学习的能力，从而实现终身学习。

因此，要培养外语自主学习能力，就必须要在新生入学的导航周里对他们进行元认知策略能力的培训，通过培训让学习者具备元认知的意识和元认知思维能力。学习者通过思维的培养，能够明白自身的认知特点，遵循认知规律，了解外语学习的特点，明确学习目标，制订学习计划，灵活运用学习方法。此外，自主学习的过程是学习者自我监控、自我管理的过程，因此，通过培训，学习者要学会对学习过程进行积极有效的监控、反馈、调节，及时调整学习策略，以实现学习目标，提升学习能力。

运用元认知理论培养学生的自主学习能力，包括几个方面的内容：明确学习目标、制订学习计划、监控学习过程和自我评估。

第一，明确学习目标，制订翔实的学习计划。确立学习目标是另一种元认知策略，每当学完一门课后，想要及时完成目的并且能掌握本领，需要确立符合学习者的学习能力的目标，使之集中注意学习目标，明白各项学习任务，避免盲从。学习目标的确立可以激发学习者的学习动机，并为其学习活动提供导向。学习者应该根据自身的认知特点、现有水平与目标之间的差距来确立自己的学习目标，并选择合适的方法进行学习。

第二，监控学习过程。监控学习的过程主要体现在学生对学习的了解和方法的选择方面。在自主学习的过程中，学习者主动参与学习过程的各个环节：对学习资料的查找、整理，对学习内容的理解和自我提问，对学习活动在速度和实践上的监控等。通过了解学习过程，发现问题并找出解决问题的方法，从而培养学习者针对不同学习任务使用不同策略的能力。

第三，自我评估。培训的又一种元认知策略是“自我评估”，即在学习中能够反思自己的学习，如学生在学习完一些新知识后检查一下自己学得如何。学生用自我评估随时检测自己的学习水平和学习进度，了解学习目标实现的情况，根据所发现的问题，改进学习计划，调整学习策略。简而言之，

元认知意识和策略的培养使学生成为学习的主导者，“学习如何学习”（learn how to learn），这样能促进英语学习者自学能力的形成和发展，并为其终身学习打下良好的方法和理论基础。

教师帮助下的自主学习能力的养成。在做好初始条件测试和元认知策略培训的基础上，教师应该积极培养学生的自主学习能力。学生的自主学习能力通常由以下几方面构成：分析学习需求、学习计划的设定、确定学习内容、学习速度的设定、学习方法的选择、思考和评价整个学习过程。当外语学习者在外语教学过程中，能够根据学习外语的具体情况，独立、主动地做好对以上各要素的确定和选择时，那么他就具备了外语自主学习的能力。然而，这一能力的形成不是一蹴而就的，需要在教师的帮助下逐步形成。可以通过订立学习契约，能够有效地帮助学习者自主学习能力的养成。

英语教育教学不仅是以学定教、以教导学、多学精教，其最终的目标恰是不教自学。教是为了不教，不教是为了能自学。终身享受自学的乐趣是学生学习的最终目标，也是学生学习最理想的追求。英语知识的学习和运用离不开学生独立思考、积极思考、进行沟通和交流信息的活动，学习英语的目的，是学生能独立、自如地使用英语并且进行交际。而运用语言进行交流，最本质的特征是具有双向或多向的交流性和沟通性，而且双方或多方都是不依赖于他人独立、自主的个体。一方有信息输出意愿，另一方或多方有吸取信息的需要，双方或多方的信息沟通和交流活动才能得以实现，缺少或缺失任何一方的独立、积极主动参与和交流信息活动都是难以实现的。这就是不教自学的自然境界。

学习契约（learning contract），也称为学习合同，是一种由学习者和指导教师协商、设计、实施和评价的关于某一学习主题的书面协议。鉴于学习契约具有目标的差异性、内容的个性化、制定的协商性和任务的契约性等特征，制定契约有如下的优势：①可有效培养学生自主学习能力；②可有效增加学习者的学习动机，满足个性化及弹性学习；③是调和学习者内在需要或兴趣和外部需求的一种有效手段；④可与信息技术相结合，能有效提高教学评价的效度，是一种有效的学习绩效保障机制。

3. 环境

事实上，多媒体教学在很大程度上提高了外语教学资源环境，学生的学习效率和教师的教学效果大大提高了，因而大大冲击了传统、单一的课堂教学模式。中国特色社会主义外语教育体系强调以学生发展为本。除学生以外，教师是一个重要角色，教育大计，教师为本；教育教学改革，关键在教师；只有有了好的教师，才可能有好的教育。因此，以学定教和以教导学两者之间具有内在逻辑联系。教师不只是知识的载体、来源，也是传道、解惑的指导者，教学不能以教定学，以教师为中心；教学也不能排斥以教导学，仅以学生为中心。教师要相信学生自己能学习和使用知识，所以需要以学定教，但这并不意味着教师的作用是无关紧要的，也不是否定教师的教学能动性，而是强调教师是学生学习和运用知识的指导者和引路人，所以需要以教导学。师生关系不是教与被教、管与被管的关系。师生之间充满着人文精神，彼此互敬互爱，教师尊重学生的人格，学生拥护教师。所以师与生的关系、教与学的关系应该是一种平等、相互尊重、和谐发展的互动关系。

尤为重要的是，英语教育教学不能止步于以学定教、以教导学。以学定教、以教导学还需通过多学精教才能最终达到不教自学的最高境界。因此，以学定教、以教导学、多学精教、不教自学是一个蕴含内在逻辑联系的统一体，四个方面互动、生成才能达到英语教育教学理想的目标。教书育人是教师职业的重要体现，教师培养学生发展，是教师思想情感、知识水平占有量、教育教学能力与教育教学科研和价值取向的直接体现。教师花费毕生精力设计和操作的教育教学过程，不论是一件细小的事，还是一堂不起眼的汇报课，都是为了有效激励学生的思想情感，激发学生求知欲望，启发学生能独立思考、探究和合作学习，培养学生的自学能力，发展学生的个性，培养学生自学能力、实践能力及创新能力。这些也都是教师自身实践活动的价值体现，它更直接地体现在不教自学的最高境界之中。用辩证法来说，学生学习是内因，教师教学是外因。学生成功与否，内因是起决定性作用的，这是以学定教的哲学基础；但是外因能起强大的反作用，因而激励、推动内因的发展，这是以教导学的哲学基础。

网络化的人际环境同样提供了高质量的人力资源及社会心理环境，包括网络化的教师、导师、朋辈、家长和其他资源人物，他们能提供丰富的知识、集体智能、社群互动和社群支持，这是保持学习者高水平心理素质、激发持续学习所必需的。IT 环境包括三方面功能：第一，IT 可以作为一种有力的学习工具；第二，这是一个对学习者进行多维度快速反馈的媒体，学习者根据反馈重新调整随后的学习；第三，在学习过程中，1T 便于网络成员进行实时互动和相互支持。此外，网络教学的实践经验也为教育改革的讨论与理论的构建提供了基础和启示，这为学生自我学习效能的检测提供了方便。

第二节　自主学习模式与教学模式

一、高职英语自主学习模式

（一）麦考姆斯的自主学习模式

麦考姆斯在《一种现象学的观点》中提出了“自我意识主动学习”模式，对挖掘如何有意识地形成自主学习的意识、如何发展方面做出很大贡献。麦考姆斯是其中的表率人物，在麦考姆斯的论著中，非常详尽地解析了自身能力、自主概念、自我形象等概念，形成了“自我系统”。麦考姆斯认为人的自身能力、自我概念、自我形象这三种非常重要的成分对人的基础认知、情感反射、目的动机和最终的行为落脚点都有着一定的作用。在这个过程中，学习者明确地为自己设置目标出发点，及时体现把控能力，自我敏锐的判断力，评价反思自我的能力，显得尤为重要。这是显而易见的，因为学生在具体的学习实践中，他的判断能力、结果反响、目标出发点、自我强化等过程都受到个体的自我评价的影响。

除了以上观点，麦考姆斯还指出自我主动意识的全过程可分为三个阶段：

1. 出发点设置阶段

在这个出发点设置阶段，要让学生知道，自己不仅能设置符合自己的目标，而且要知道什么目标对自己最合适，自己是否具有实现这个目标的能力。所以，在此阶段，学生需要加强自己的判断能力，对学习终端等预测的掌握情况要有所了解。

2. 实施阶段

学生在具体的学习实施阶段，需要依据自己设置的出发点阶段的预测，制订这一步的计划，筛选适合自己的策略，加强原有认知，最关键的恰恰就是原有认知。

3. 行为落脚点阶段

这个行为落脚点阶段的实施，要求学生有较强的自己控制自己的能力，清楚自己给予自己正确客观评价的能力。因为学生在这个阶段需要注意自己的言行，把握自己的情绪，监控自己学习的进展情况，从而来评价学习结果。

从麦考姆斯自我意识主动学习的论著上看，他认为自我主动学习，完全来源于自我清楚、自己控制自己、自己正确客观评价等过程的发展水平，这些因素往往具有一定的本源作用，是自己调整自己的结果。所以，教师要想在学生自我主动学习方面有突破，就要帮助学生建立起对自身的正确认识，而且要根据自己的具体情况来进行成套的、成体系的训练，从而达到预想效果。

（二）齐莫曼的自主学习模式

齐莫曼作为美国最著名的自我主动学习的创建者、自我主动学习派的领导者，其在吸收班杜拉论点的基础上提出了自主学习模式。利用两年的实践，他对自我主动学习模式做了进一步的补充解释说明。

齐莫曼认为，自我主动学习会涉及自己的能力、实践能力、身边环境等要素的反应，它和平时的学习一样。换句话说，自我主动学习的学生不仅要调节按照预测所做的学习过程，而且要根据身边要素的反馈和改变，重新调整顺序，达到主动监控、调节的目的。也就是说，采取一切能够运用的手段，对整个过程进行观察、调整。这个观察和调整的过程，可以形成更优良的学习环境。同时，学习者还应该在自我主动的过程中，不断地对思维变化、状态的改变进行准确把握，随时调整。

实施阶段主要涉及两个过程：任务的比较分析和自我主动目的。任务的比较分析过程包含两个内容，一是目标定位，二是具体措施。虽然自我主动是内在动机性力量，但是自我主动也可以来源于对学习的执着。用一个例子来说，有关个人自我主动的自我感，还可以来源于内部意愿和锁定目标等成分。

另外我们说的实践或意志控制阶段主要包含两个过程：第一是自我注意过程，第二是自我沉淀阶段。对其内容应这样阐释，自我注意是指对学习实践的某些具体方面、条件和进展进行跟踪。自主学习者常用的自我注意手段是记录，其特点是准确、及时、全面。

自我沉淀阶段主要包括自我判断和自我反省两个过程。其中，自我判断又包含两个阶段，其一是自我定义，是指学习者要对自己的学习预期与最后所得的结果是否一致做出判断；其二是归结原因并分析，针对原因进行分析。自我反省也包括两种形式，其一是自我认可，其二是适应性、总结性反应。前者是指学习者对自己学习结果的积极评价所做出的反应。学生在自我主动学习的过程中，把获得自我认可感看得尤为重要；后者是指一些学生在学习失败后对原有的学习能马上进行调整，目的是在以后的学习中能取得更大的成功，总结是为了避免今后学习失败而产生懒惰心理来应付以后的学习任务。

学者齐莫曼又认为，培养学生的自我主动学习能力还应该从以下几点入手，即从自我定义、内容定位、策略的定位和实践、自我揣摩、自我反省等方面着手进行。这是因为以上这些方法更为重要，也更容易操纵，学生更容易理解和掌握。

（三）巴特勒和温内的自主学习模式

巴特勒和温内提出了一个相对比较全面的、系统的学习体系。他们所提出的自我主动学习体系，就是把信息多方面还原、加工在一起来解释学习的模式。学者们认为，一套成体系的自我主动学习的过程，应该包括四个步骤：任务定位阶段、预测目标阶段、方案制订实施阶段及改良阶段。

1. 任务定位阶段

我们从任务定位阶段这个观点来看，学生利用自己掌握的知识、学习任务的特征和要求，来确定学习任务以及完成这一任务所具备的条件，包括适合的和不适合的。面对新的学习任务时，假如个体认为自己对这一领域的知识了解得一清二楚，那就会认为学习任务简单、容易；如若个体认为自己对这一范围的知识不了解，那就会认为学习任务困难、不易解决。

在任务定位中，策略知识起着很大的作用。如果学生判定自己有足够的时间和方法来完成该学习任务，那么其学习目标性将会增强；如果学生知识储备充足，那么学生对预测知识的特点、依据、目标的判定就基本能与教师所想的目标达成一致；如果学生知识储备缺乏，学生往往无法清晰地把握所预测知识的特点，做出的判断也会不准确。反言之，如果学生判定学习工作困难、不易完成，其学习目的性就会相对减弱，甚至有可能完不成所交代的任务。在涉及自我主动学习的目标性信念中，由于自我效果能动感影响学生对学习任务难易的判断以及相应的目标定向，所以自我效果能动感对任务界定也有明显作用。

2. 预测目标阶段

学生在预测目标阶段的主要任务，是根据自己的标准，来对学习任务进行界定，制定学习目的、学习计划，选择学习策略。

相对自我效果能动感低的学生设定的目标而言，自我效果能动感高的学生设定的学习目标比较高。自我效果能动感对目标的确定产生影响。学生的自我效果能动感、定向的目标、初步认知水平在这一阶段中发挥着最为重要的作用。

一般来说，目标定向对学生选择的目标类型起着决定性的作用。重视学习目标选择的学生会更加注重学习方法的应用。学生目标主要有掌握性目标和体现性目标两类，前者以理解和掌握学习内容为目的，后者以向他人显示自己的能力为目的。我们说初步认知水平既对学生目标设置的程度产生影响，又决定着学习时间的安排、学习策略的选择、学习资源的利用等因素。

3. 方案制订实施阶段

在以上两个阶段的学习完成后，学生的自我主动学习就进入了下一个阶段——方案制订实施阶段。在这一阶段，学生要根据已拟定好的方案，对学习任务进行判定。在方案的执行过程中，学生通常会拟定的因素主要有以下四方面：范围内知识、任务类知识、对应方案知识和目标性信念。其中，对知识的原有认识主要是对学习的具体情况进行观察和跟踪，为初步认知控制提供依据，是初步认知控制的基础；初步认知控制主要是根据监视的结果适时调整学习计划，有时也会适当调整学习目标和教学手段。

4. 改良阶段

巴特勒和温内认为，学习结果可以从两方面来说：一种是心理性的，另一种是实践性的。学生利用学习方案对学习任务进行吸收，最后生成学习结果，那么学习就进入原有知识改良阶段。

通过比较分析，我们可以得知评估学习的结果，然后将结果反馈到定位方案、策略选用等操作中，再对下一轮学习进行指导。通过信息反馈，实践性的结果可以借助外在因素对学习方案进行再选择和再监控。学生根据这些信息可以重新安排自己的学习任务，调整原来的学习目标，进而取得更好的学习效果。

二、高职英语自主学习的教学模式

（一）PBL教学模式

PBL 全称是 Problem-Based Learning，即基于问题的学习。这一教学模式倡导以问题解决为中心，由美国神经病学教授霍华德·巴罗斯（Howard Barrows）首创。最初主要应用于医学教育的 PBL 模式，后来被其他院校所采用。如今，此教学方法早已在不同国家的教育领域得到广泛应用，有力地促进了不同国家教育事业的发展。英语教育教学只有在具体的情境中，并在学生已有的知识、经验基础上进行教学才能达到精教知识的重点和难点的目标，并更易为学生理解和掌握。因为情境是语言的存在基础，缺少或缺失客观情境，语言就难以产生和存在，也难以理解和掌握；在学生已有知识和经验基础上精教新知识，既能节约教的时间，又便于学生理解和吸收，而且新旧知识融合所形成的新知识结构网络，发展有效地解决问题的技能，发展终身学习的技能，成为有效的合作者、内在的自我促进者。下面我们对这一模式进行具体介绍。

1.PBL 教学模式的流程

PBL 教学模式中每个环节的顺序都是灵活的、多变的。学生可以根据自己的学习情况适当调整顺序。具体来说，PBL 模式主要涉及以下几个教学流程:

（1）创设情境，呈示问题。教师在了解课程和教学标准的基础上，灵活采用多种方式为学生选择适当的问题，如激发学生学习的兴趣，使学生在生动有趣的问题情境中与他人进行交流、探索，分享学习成果。

（2）划分学习小组。特别需要注意的是，我们所讲的分组分为同质分组和异质分组。所谓同质分组，就是指把各方面都很接近的学生编成一个小组，而异质分组则是把风格不一样的学生编成一个小组。我们在 PBL 教学模式中，教师应当尽可能地让学生自愿组合，为学生学习创设较为自由、舒适的合作氛围，从而激发他们的学习兴趣。

（3）分析问题。分析问题这一环节的目的是让学生对问题有一个清楚的认识，就是让学生清楚地看到自己已掌握的知识对问题的解决作用，并进一步了解需要继续学习的知识。教师在将些小问题呈现给学习小组以后，同学们首先了解，并根据已有知识思考，再进行“理论”，最后进行建构和解释。若是其中一个学生调动起自己的已有知识，那么这些问题可能会激活另一位学生的已有知识。这样，集体的知识将会被逐渐激活，要是全班被激活了，学生就会开始详细解释他们已经掌握的知识，并尝试在已有知识与问题中所描述的现象之间建立起桥梁。自此，合作便由此而展开。在学生对问题认识之后，他们便能科学、合理地对各种信息资料进行分类，给组员分配任务。

（4）收集并共享资源。在 PBL 教学模式的分组中，学生一般都是三五个分成一个小组，共同讨论并解决问题，看看还需要收集哪些资料、学习哪些知识。当所有的材料都收集好以后，小组就自然解散。然后小组与小组之间互换组员，然后重组小组，换一些新鲜血液。这样他们就可以在新的小组内共享信息，达到资源共享的日的。

（5）选择并陈述问题解决方案。讨论后学生选择出最佳的解决办法，就要向大家解释为什么他们认为这是最佳解决方案。对此，他们可能会用到一些知识、图书、演示文稿、网络或者网站等形式，向大家展示他们为什么选择这一最佳解决办法。当然，具体选择什么方式，学生可以根据自己的需要和自己在问题情境中的角色来确定。

（6）反思。任务完成以后，学生要总结他们在解决问题的过程中，什么地方做得好、什么地方做得不够好，并讨论以后在解决该类问题的过程中怎样做得更好。同时，他们还要讨论还有哪些不足之处，以待以后解决。

综上所述，在 PBL 的教学流程中两条重要线索贯穿始终：第一是解决问题的过程；第二是围绕问题能够解决而进行的更丰富的学习攻坚活动，以及由此引发的信息收集、整理和加工，最终达成新知识的重组。

2.PBL 设计和实施的注意事项

具体来说，PBL 的设计和实施是两个不可分的过程，这两个过程可以平衡学生的需求、课程和特定的学习情景中的学习标准之间的关系。在 PBL 的设计和实施过程中，需要注意以下四点：

（1）PBL 是学生和教师共同的责任。使用 PBL 模式进行教学，教师和学生必须意识到，PBL 是教师和学生双方共同的责任。对学生而言，他们要为解决问题而努力，要不断地思考、分析，力求能够知道问题的关键所在，进而不断地加深对问题的理解，并努力寻找多种解决办法。经过这样的练习，学生最终将变成主动学习者。对教师来说，他们应充当指导者和参与者的角色。在学生试图自己解决问题的过程中，作为教师不能对学生撒手不管，而应该成为学生的合作者，师生共同来解决问题，同时应该激发学生对学习的兴趣，鼓励学生大胆提问，并适时地对学生加以指导，帮助学生培养自主解决难题的习惯和能力。

（2）问题的“真实”角色是学生。在整个 PBL 教学过程中，教师要让学生进入问题里并成为问题情境中的“真实”角色，给他们解决问题的权利，同时也让他们勇敢地承担解决问题的责任。这样可以充分调动他们的主动性和积极性，培养他们的责任感，从而有利于培养学生的自主学习能力。

（3）把学生置于结构不良的问题情境中。布兰顿（Bhmden）认为，PBL 是指将学生在实践中可能面临的情境作为学习的起点，这是一种以学习者为中心的教学方法。与脱离真实情境的传统讲授式教学不同，PBL 强调问题情境的实用性，并且把问题情境作为学习来组织完成。换句话说，PBL 中的问题存在于真实情境中，并且是结构不良的。我们知道，自然世界中的问题通常是变幻莫测的，它要求解决者既要拥有解决问题的基本知识，又要拥有辨别是非的能力，以及发现和使用适当学习资源的能力。所以，将学生置于结构不良的问题中，有助于培养和提高学生各种能力，使学生在面对现实问题时，可以实现知识的迁移。

（4）评估要贯穿整个学习过程。学生在思考的过程中能获得知识、应用知识并掌握技能。使用 PBL 模式进行教学时，对 PBL 学习的每一步都要进行评估，并且所有评估都要以鼓励学生围绕着问题进行思考为根本目标。例如收集信息、任务的完成、参与情感与态度、成果展示等，可以从其教学目标上进行考查。为了促进对学生自主学习能力的培养，PBL 对学生的评估指标应该是他们对问题的理解深度，而不是对问题答案的复制情况；评估结构指标应该体现在诸多方面，这样能收到预想的效果。

（二）T-S教学模式

自主学习中的 T-S（Teacher-Student）教学模式，又称为指导教学模式，也就是教师对学生的教学模式。T-S 教学模式使得教师的角色得以转变，就是从课堂上的主导地位转变为指导地位。具体来说，教师编辑、设置场景，动员学生主动参与，学生能在活动进行中记录参与情况，教师适时对学生进行指导、及时进行点评和总结。T-S 教学模式的主要任务是培养学生对语言的应用和创造能力以及解决问题的能力。

1.T-S 教学模式的出发点

T-S 教学模式的出发点是提高学生自主学习意识。高职英语教学和高中的英语教学有所不同，现行的高中英语教学以大量的单词及句法的操练、听写和语法练习为主，而高职英语却注重听说能力、阅读能力和写作能力的培养。所以，高职英语教师首先应当提高学生的自主学习意识，让学生认识到自己才是学习的主人，不应仅仅局限于掌握教师所教的内容来完成课内作业，还要养成自学的好习惯，自己管好自己的学习。

2.T-S 教学模式的基本前提

T-S 教学模式的基本前提是正确认识教师的地位。建构主义认为，知识的获得本质上是由个体建构的，而且这种建构是在社会互动中完成的。所以，教师在教学中必须以学生为中心，把课堂变为学生活动的场所，让学生成为知识的自主建构者，思考如何在教学过程中给学生创造自主学习的机会，以培养和发展学生的能力。在设计课堂教学任务时，教师应考虑学生的兴趣和爱好，充分调动学生的积极性，从而使学生对自主学习产生兴趣，将有效地培养学生的自主学习能力和英语教学活动有机地结合起来。

3.T-S 教学模式的本质

有效采取启发式教学是 T-S 教学模式的本质。相对于以教师为主的灌输式教学或注入式教学，启发式教学是以学生为主体的，学生是知识的主动学习者和创造者。课堂上启发式教学能够充分调动学生的积极性、主观能动性、创造性，使学生不断提高分析问题和解决问题的能力。

启发式教学是教师转变为课堂活动的协调者和组织者，即由传统的主导地位向指导地位的转变，从知识传授者变为自主学习环境的提供者。平等参与和学生主角课堂教学从传统的单边活动变为双边、多边活动，而学生则变成了学习活动的主人。发挥他们的自主性，能够充分激发起学生的主观能动性，并获得足够的空间，使他们有意识地对自己的学习负责，增加学生自主学习的兴趣。

4.T-S 教学模式的关键

培养学生的自主创新能力是 T–S 教学模式的关键。教师心里要明白自己是否能够有效地培养学生的自主学习能力。为了胜任在学生自主学习中的角色，高职英语教师必须尽快提高自己的综合素质，具体要在以下两个方面做出努力。

一方面指导学生确立学习目标。另一方面培养学生运用适当的学习方法。

让学生在英语学习中进行自我检查，自行评估自己的学习行为固然是培养学生自主创新能力的有效方法，但这些方法并不是百试百灵的。因此，教师应当运用适当的方法和技巧，让学生明白自主学习和自主创新能力在高职英语学习甚至终身学习中的重要性。

5.T-S 教学模式的动力

定期进行自我总结是 T–S 教学模式的动力。教师可以要求学生用英语记学习日记，并每天坚持，这样不仅可以让学生自觉坚持课外学习，还可以帮助教师了解学生学习的过程。通过这样的方式，学生可以对自己的学习进行有效的总结，从而提高学生自主学习的能力。

6.T-S 教学模式的保障

具体来说，教师要努力做到以下两点才能保障 T–S 教学模式的顺利进行：第一，教师应真诚地对每一位学生都充满信任和希望，适当给予学生表扬，尊重每位学生的个性，引导学生将他们学业上的进步归功于他们所付出的努力，以便于引导学生形成积极的学习态度。第二，教师要正确估计学生的能力，给学生布置适合他们水平同时具有一定挑战性的任务，让学生品尝成功。

（三）S–S教学模式

S–S 教学模式又称为协作学习模式，也就是学生对学生的教学模式。这种模式是指教师让学生通过交流、协商和合作来解决问题，这是大大促进学习者自主学习的重要因素。

1. 灵活分配协作学习小组

教师在分配学习小组的时候，最好考虑到学生的实际情况。由于每个英语教学班人数不等，而不同学生之间的英语水平又参差不齐，所以要具体问题具体分析。例如为了便于小组成员之间进行交流，教师可以采取就近学生优先的原则。不过，在分组时也要注意混合搭配优等生和中等生，因为优等生可得到更多输出练习的机会，而中等生能从优等生那里获得更好的语言输入。这种混合能力小组既能充分发挥优等生的带头作用，又能督促中等生、

后进生进行学习，并且在学习中互相启发，这样不但使组员的集体成就感与荣誉感得到加强，还可以促使学生之间相互帮助，共同进步。

2. 协作学习小组的学习任务的分配

在 S-S 教学模式中，教师在布置学习任务时可以实施任务型教学法。我们所说的任务型教学法，就是教师根据课程的总要求，结合具体问题，发挥学生创造性，设计贴近学生实际的教学活动，来吸引、组织学生共同参与。学生在教学活动中通过思考、讨论、交流和合作等方式完成学习任务。教师则可以根据学习内容设计各种任务，让学生通过完成这些任务学会用英语讲故事或交流，发展学生综合运用英语的能力。

值得注意的是，教师在进行任务分配时要考虑以下因素：趣味性的话题、如何调动学生兴趣、任务类型的输入和输出等。此外，教师布置小组任务时，应当要求每组成员进行口头或书面汇报，从而使协作学习小组有明确的目标导向，这样有助于学生参与讨论，获得更多空间的语言素材学习机会。

第三节　自主学习能力的培养与探索

一、自主学习的重要性

随着社会的快速发展，我国与世界各国交往也逐渐频繁，对能够熟练掌握一门外语并具备专业知识和技能的高级专业人才需求越来越多。一般情况下，学生把大量时间用在对本专业的学习上，学习英语的时间就不那么充裕了，所以学生英语自主学习能力的强弱，对于提高他们的英语成绩来说就显得尤为重要。中学阶段英语教学的应试目的比较强，教师只是把英语当作一门知识来进行教学，学生把英语当作一门知识来学习。到了高职阶段，英语教与学的目标发生了变化，从基础知识的学习转变到了对英语的综合运用，尤其是听说能力。学生在毕业走出校门后，能熟练准确地运用英语进行口头和书面的表达和交流，学生自主学习能力的提高对适应当代社会发展也是有利的。教学目标的改变促进了英语教师教学理念和教学方式的转变。教师在教学中开始遵循以学生为主体的原则，注重培养学生的自主学习意识和创新能力。在教学活动中，教师时刻关注着学生的学习情绪，陪同和协助学生度过心理上的过渡期，争取帮助学生在最短的时间内调整自己的学习方式和目标，完成从对教师的依赖到自主学习的过渡。

对于非英语专业的学生来说，通常高职英语课时比较少，尽管课堂上传授给学生很多英语知识，但学生对学好英语的方法还是没有完全掌握，英语学科学习自主性不强。因此，英语课堂不能单纯地传授英语知识，而是应以培养学习者自主学习的能力为目标。让学习者了解并掌握英语学习的有效方法，学会自我调节和自我管理。总的来说，就是应该以培养学生独立完成思考为总目标，帮助学生获得独立学习所具备的能力和技巧，最终培养学生学习的自主性。

在“自主创新”“终身教育”理念的背景下，培养学生独立自主的学习能力已成为发展趋势。目的语的学习都要经历一个漫长的学习过程，随着时代的变迁，原有的语言知识也在逐渐地变化，新的语言也在不断产生。目前高职英语课堂教学时间相对较短、任务较重，所以这对教师在短时间内来培养学生自主学习英语的能力的要求也提高了。学生自主学习能力的提高，有利于学生单独地完成学习任务，对于学生的语言学习大有益处。

二、培养自主学习能力

（一）英语学习的动机和自我监督意识

1. 学生英语学习的动机

培养学生的自主学习能力可以从以下两方面着手：激发和建立学生学习英语的动机和加强学生在学习中的自我监控。因此，为了更好地培养学生的英语自主学习能力，首先要了解并激发其学习英语的动机。

（1）学习兴趣的培养。相关的调查结果显示，学生的英语水平参差不齐，对英语学科的学习兴趣与其他学科相比较弱一些，学习的目的性较强。学生关于英语学习动机的调查结果表明，为通过英语四、六级考试的大概占60%；为以后择业考虑的比例约为54%；考虑到英语是必修课的约占48%。所以说，大部分学生学习英语的终极目标就是为了通过等级考试，是为了得到那一纸证书，出于对交流的需要和应用能力的培养则考虑很少。另外因为自身对英语学科的爱好和学习兴趣的占比更少。有数据调查表明，认为自己是因为喜欢英语即因为兴趣而学习的只有32%的学生。因此，我们必须要培养学生学习英语的兴趣。在具体教学过程中，我们可以采取活跃课堂气氛、增加语言实践和布置挑战性任务等方法来培养学生对英语学习的兴趣。

（2）目标的规划。学习目标是学生对学习行为及结果的预期和规划。在学生自主学习过程中，学生要针对自身情况规划出明确而具体的学习目标，同时注意将近期目标与长远目标相结合。《高职英语课程教学要求（试行）》根据因人而异、因材施教的原则，针对不同学校、不同学生提出三种不同要求，

即“一般要求”“较高要求”和“更高要求”。

“一般要求”是最基本的要求，高等学校非英语专业本科毕业生应达到的要求就是一般要求，是每个学生毕业时必须完成的目标。“较高要求”和“更高要求”是对那些学有余力、英语基础较好的学生设置的。学生可以根据自己确定的目标去努力学习，并以此作为自己的长期学习目标。然后，将大的目标分解细化，确定每个学期、每个星期或每天的计划，结合自身的能力水平整理出学习目标，这样才能做到目标与自己的实际能力保持在同一高度。难度过大的目标会使学生感到压力重重，无法起到激励作用，还容易让学习者产生无力感、挫折感；没有难度的目标太容易实现，没有挑战性，即便目标达成，也不会有强烈的成就感，起不到强化作用。只有在学生的能力范围之内，且具有适当难度的目标才具有激发动机的作用。

（3）学习效果检测。学习效果的检测具有反馈信息的作用，只有经过检测，教师才能了解学生的学习情况，检测也能让学生直观清晰地看到学习的进展情况如何，距离目标还有多远，从而使学习动机得到激发。及时对学习效果进行检测、及时强化学习动机对整个教学活动意义非凡。检测的方式有很多种，包括书面的和口头的。常见的考试方法可以作为必备的检测手段，教师通过查看学生对试卷的作答情况，对学生的学习情况也能大致有个了解。教师也可以通过学生平时的课堂发言及日常的交流达到检测的目的。检测可以由学生自己进行，也可以由班级、学校等统一进行。检测结果良好的同时，给予学生适当的奖励，也可起到强化的作用。通过对学生学习效果的检测和检测后的奖惩措施，能够刺激学生自主学习英语的动机。

（4）鼓励学生积极参加活动。高职院校必须鼓励学生积极地参加一些活动或者比赛，如一些全国性的英语竞赛，以及学校或其他机构举办的各种英语竞赛。一般来说，竞争激烈的比赛可以从一定程度上激发学生的学习动机。在竞争过程中，每个人都存在力求超过他人的好胜心理，从而能够积极地克服困难，使自身的抗挫折能力得到增强，学习成绩因此得到明显提高。另外，不同类型的比赛侧重的方向和内容是有区别的，所以学生的学习动机也得到了不同程度的激发。

2. 自我监控的重要性

自主学习的成功进行，依赖于学习活动过程的自我监控。在实施合理有效的自我监控的基础上，英语的自主学习才能顺利开展。有效的自我监控主要表现在以下几个方面：学习计划的制订，学习进程的自我监控，学习效果的自我评价。

（1）学习计划的制订。学习计划的制订是学习过程的一个重要方面，是学习过程中进行自我管理的有效方法。计划一般有长期和短期之分。以学期为单位的一般情况下指的是长期计划，短期计划则以星期为单位。长期计划一般是学生结合现有知识水平按照本学期的学习内容而制订的，所以首先要确立目标。学习目标必须清晰明确，而且易分解成为具体的学习任务和学习行动，清晰的目标便于在学习过程中和学习活动完成时检查自己的学习成果，对学习成果的检测可以使自己产生学习压力和动力，也使自己能及时感受到学习进步的成就感和快乐感。通常学习目标的制定往往是一个学期进行一次。学习计划的制订，应按照具体、详细、切实可行的原则进行。制订学习计划要注意以下几方面的内容：

一是计划本身的内容应详细具体。包括学习活动的内容和时间，细化到每个环节和步骤，还要指出活动的方法，如：如何记忆单词，怎样练习听力、会话、阅读、翻译等，另外还要制订如何定期检测学习成效的计划。

二是学习目标要科学合理。学生应该根据教学内容，制订符合自身学习和记忆特点的学习目标，远离那些以应付考试为目的的学习计划，意识到当下的首要任务是提高自己的听力和口语水平，把大的目标分解成若干的小目标，逐步实现具备英语综合应用能力的目标。同时，拓宽知识广度、多了解世界文化，这对于提高自己的综合素质大有益处。

三是学习内容的安排适量，过度学习是不可取的。很多学生在刚开始制订计划时信心满满，安排了过多的学习内容，最后学习计划和任务没有按时完成。

四是学习时间要科学合理。有的学生安排英语的学习时间大概每周 20 个小时，还是业余时间。也就是说每天用 3 个小时左右的时间学习英语。这样的计划安排时间过长，难以坚持。

五是学习策略要使用得当。例如部分学生在数小时之内只背单词，可能造成疲劳，学习效率无法令人满意；还有的学生练习听力时，只关注答案的正确与否，而不在意关键词句、重要数据和主题线索等，在听过一遍之后就认为结束了，如此简单的练习对英语听力的提高作用是有限的。

六是监督和管理。不少学生制订的计划从内容的多少到时间的分配及方法的选择都比较合理，可是由于缺乏必要的监督，自我约束力不足，无法坚持太久。在这种情况下，学生本人的决心要坚定，做好自我监督，逐步提高自我约束控制能力；还可以让身边亲友知道自己的学习计划，请他们监督或协助学习计划的实施，从而逐渐养成良好的学习习惯，自我约束能力也会渐渐形成。

总的来说，一份详细的、操作性强的学习计划可以使整个学习过程有条不紊。所有学习活动的目标都明确，结构合理，时间安排有张有弛，并认真

遵照执行，那整个学习的自我管理是很轻松的，学习效率也会大大提高。因此，在学习计划的制订、执行及实践与反思过程中，学生的自主学习能力和学习效率都会有所提高，为以后的长远发展及终身教育打下良好的基础。

（2）自我监控。自我监控是指学生为了达到预定的目标，对自身正在进行的学习活动不断地进行积极自觉的计划、观察、评价、反馈、控制和调节的过程。有效的自我监控对学生保持良好的注意力、情绪和动机水平具有积极作用。良好而有效的自我监控，避免或减少了学习中的盲目性和冲动性，有助于学习效率的提高。一般情况下，在整个学习过程中都离不开自我监控。特别表现在计划的执行过程中，学生必须根据自身的实际进展情况，对最初制订的计划进行对照和反思，找到影响进展的因素，有针对性地修改，做阶段性的调整，以减少无用功，确保学习目标顺利完成。实践的同时要不断反省，不断调整对自我的认识，并在以后的学习过程中利用以往的经验和吸取的教训，为自主学习的意识和能力的培养做好铺垫。

3. 学习效果的自我评价

学者贝利（K.M.Bailey）认为，学习者的自主学习能力和学习者的自我评价能力之间有着密切的联系，因为客观真实的自我评价不仅能促使学习者对他们自己的学习负责，还能使学习者清楚地认识到现有的水平和他们期望达到的水平之间的差距，从而对自身综合能力有更准确的判断，使其获得更大的学习动力。英语学习效果的评价能力对英语自主学习有深刻的影响。首先，语言学科的课程只概括了该种语言的一小部分，教学目标不应当仅仅只是对语言知识的传授，能力的培养也是至关重要的，特别是自主学习能力。这就体现了学习者的自我评价及自我监控能力的重要性。具有良好的自我评价能力使学习者对学习责任更加敏感，更容易形成自主学习的习惯。其次，学生进行自我评价能减轻教师对学生的评价压力，前提是学生客观积极地进行自我评价。学生良好的自我评价可使教师有更多的时间和精力去做更有意义的事情。但也有一些相关方面的研究者对自我评价的客观性和准确性提出疑问：①学习者对自己的学习过程、学习结果是否能做出客观的评价；②自我评价的过程是否真实；③学生的自我评价有其局限性。

由此可见，教师的引导在学生的自我评价中能起到不可忽视的作用。最常见的自我评价的方式是利用试题来检测，检测的结果让学生对自己的学习有了进一步的了解，发现学习中的难点和弱点，也把自身的缺点和薄弱的地方暴露出来，这样就为下一步制定学习目标和学习计划提供了依据和方向。另外，学生还可以采用自评和互评相结合的办法来进行自主学习的评价。

（二）教师的角色重建

学生的学习主动性在某种程度上依赖于教师的主动性，而教师角色转变的意识则是教师自主性的基础。也就是说，教师自身的观念和作用定位将深深地影响着学生学习的自主性。所以传统的教师角色定位也在某种程度上左右了学生的高职英语学习。一直以来的观念就是教师是课堂上绝对的主导者。调查结果显示，大约有29.4%的学生对于“课堂上，教师是权威”这一观点持反对态度。学生对学习目标的确定、选择学习材料、安排学习时间和学习进度等环节都是由老师全程指导决定的。经过长时间的重复，学生对老师日渐依赖，从而逐渐产生了不劳而获的心理，导致学习缺乏应有的独立性和自我约束能力。

1. 积极倡导学习的自主性

在确立学习目标的同时，教师要以平等的身份和学生进行交谈，获得学生的充分信任以后，才能更方便地对学生的学习目的、自主学习意识和学习动机，以及遇到的问题和困难进行了解。另外，教师还要结合每个学生的个性特点，根据英语学科教学的大纲要求，鼓励并协助学生完成学习目标的确定，引导他们规划各自的短期和长期目标。学生完成了学习目标的制定后，会比以往有更高的积极性去学习，因为这些目标是自己的规划成果，不同于只听从于教师所安排的要求，这就为他们学习的自主性提供了前提和保障。在监控整个学习行为过程中，教师不但要提倡和尊重学生对学习行为的自我约束和管理，还要密切注意和监督他们的学习。教师可以通过与学生之间的沟通和交流，或者采用其他的检测方式，及时对他们的进步给予肯定和鼓励，以强化他们的兴趣和动机。善于发现他们学习中遇到的困难和发生的失误，与他们一同了解学习进度，共同监督学习过程。如此一来，学生主观上会感觉到自己的学习是在有指导地进行，而非漫无目的地进行，从而提高其自主学习的兴趣和信心。

2. 为自主学习提供培训的机会

培养学生的自主能力，这就意味着对学习的管理责任由教师转向了学习者，即由学习者决定学习的内容、方法和时间，教师不再是课堂的唯一发言人，但是这不等同于教师责任的减轻和教师作用的降低，相反的是，教师面对的是更大的挑战和更高的要求。首先是教师要树立这样的信念，充分相信学生有自学的能力，而不仅仅靠教师的教来获取知识，学生掌握了正确的学习方法才会受益一生，而所有的学习都离不开独立性和自主性。教师需要认识的是应把学生掌握自主学习的方法作为教育的重点目标，要让学生对自己的学

习负责和管理，包括自己挑选学习材料，制订学习计划和目标，完成学习活动，能够进行自我激励、自我管理及自我评估等。但自主学习的过程并不是学生完全脱离了教师的帮助和参与，任其自由发展，事实上学生的一切学习活动都需要在教师的指导下完成。教师的作用往往很关键，既要为学生创造良好的学习环境，提供更多交流实践的机会，也要指导学生对学习材料的合理挑选，对学习成果进行科学的评价并及时提供准确有效的反馈，让学生在掌握学习内容的同时逐渐掌握学习方法。这些措施实施之后，学生往往会逐渐摸索出一套具有自己特点的适合自己的学习方式，慢慢地学会在面临困难的时候自己寻找解决问题的方法，渐渐摆脱对教师的依赖，自主学习的意识也就逐渐养成。当然，针对学生在自主学习技巧方面的不足，教师对学生实行学习技巧的传授和培训很有必要。方法有很多，可以通过讲座的方式传授学习方法，在此过程中学生可以和教师一起对英语的学习方法和体会进行交流和探讨。另外，教师还可以通过培训的方式对学生的学习进行策略性指导，以便找到合理的学习动机以及适合学生自身特点的学习方法。

3. 指导学生挑选学习材料

学生在自主学习的过程中，对众多学习资料的选择和使用，教师的意见和建议起着重要的作用。自主学习要求学生全程自己独立进行，包括选择学习材料、确定学习内容等。在这个过程中教师的作用就是监督和协助。教师可根据自身的知识经验，对选择过程参与并指导。因为教师的语言学习和认知水平远高于学生，能针对学生的个体差异，从大体上把握学习资料的难度和适宜性，避免了许多无用功，减少了许多学习中遇到困难的挫败感，从而使学生学习英语的信心得到增强，激发自主学习意识和动力，学习效率也提高了。简单地说，教师对英语自主学习的指导分别是对教材的筛选、过滤和补充；对来自网络的学习内容的辨别和推荐；对语言实际交际运用渠道的开辟和推广等。教师在学生英语自主学习活动中的任务之一是对相关的学习内容进行发现、判断和推广，最终帮助学生提高学习能力。

（三）重视环境因素

良好的学习氛围有利于学生的学习，尤其是自主学习。通过创造合理舒适的学习氛围及建立英语学科的自主学习中心，以及虚拟学习社区等方法，可以达到促进学生英语自主学习能力培养的目的。

1. 学习氛围

自主学习重在学生的主动性和独立性的发挥，所以传统的教学模式必须改变，从教师单一的课堂教学模式，逐渐向以学习者为中心转变，并且要兼顾语言知识与技能的传授和学生能力的培养。新的教学模式下教师需要做到以下两点：第一，师生关系要平等，这为培养学生的自主学习能力创造有利条件。第二，教学内容更丰富且教学手段多样化。课堂活动设计要便于自主学习的展开，学生应该主动地、全身心地投入学习活动中以获得语言知识，因此在活动中自我反思和领悟，能够使问题得到及时解决。所以，在改革后的教学模式中应把学生放在核心地位，充分发挥学生在课堂学习中的主体作用，教学过程的大部分都由学生独立完成，教师仅仅是起到启发和组织、引导和反馈等作用。

2. 自主学习中心

自主学习中心应具备两个要素：第一，大量的可供不同学习者选择的学习材料，如阅读内容、听力材料等，用来满足每个学习者的学习需求；第二，需要通过鼓励学生发展个人学习计划、学习过程及承担责任等方法，培养他们独立学习的能力。学习材料大致有原版的杂志书刊及各种音像资料等。并且自主学习中心应该配备现代技术设备，包括电脑、网络及录音机等使学生的信息资源更加丰富。这样不仅使学生的语言输入渠道更加广泛，还可以使学生进入真实的语境，进行体验式的学习，这不仅能激发学生的兴趣，还可以使学生的语言运用能力得到极大的提高。

3. 虚拟社区

虚拟社区是指具有不同兴趣爱好和要求的个人利用发达的虚拟交际空间来实现自己的需求和目的，从而形成的团体。构建和模拟高职英语的课堂教学环境，是虚拟社区功能的一个方面。这样虚拟的学习环境通过对资源的共享以及彼此的思想、观点和经历的交流，来提高交际者英语的水平，包括听、说、读、写、译的能力，实现对英语的灵活运用。虚拟的教学环境是学生从未接触过的，由从前的以“教”为主，转变为以“学”为主。通过虚拟社区，学生的自主学习能力、协作互助能力及英语语言学习的综合能力都将得到大幅度的提高，学生能更好更快地接受新生事物，达到自己学习知识的目的。

第四章 跨文化背景下高职英语教学的趋势探索

第一节 个性化教学方式和ESP教学方式

一、个性化教学方式

个性化教学以学生为中心，以调动学生内在动力为己任，重视师生之间的互动及学生的反馈，可以使学生摆脱成绩、作业的压力，并充分发挥他们的潜能与天赋。传统教学采取一刀切的做法，忽视学生的个体差异，难以调动学习者的积极性，教学效果也大打折扣。在当今社会竞争日益激烈的情况下，个性化教学的开展显得尤其重要。

（一）个性化教学的定义

所谓个性化教学就是以了解和尊重学习者的个体差异为前提，以最大限度地发展每个学习者的能力为目标，以充分调动学习者的学习自主为方式，以灵活多样的教学形式为依托的教学模式。因此，应从以下三个方面来理解个性化教学的内涵：

1. 全体教学

个性化教学要求教师尊重不同学生的禀赋水平，为全体学生提供同样令人感兴趣的、同样重要的和同样吸引人的学习任务，为全体学生提供在不同困难程度上形成基本理解力和技能的机会，以利于学生理解力和技能的发展。个性化教学期望所有学生的持续性成长，课堂作业没有任何标准，只有对学生个体深深的尊重。因此，个性化教学的本质是教师向学生阐明保持和理解的本质，教学过程是促进每一名学习者的个人成长和个体成功的过程。

2. 适应性教学

随着经济的飞速发展及国际竞争的日益激烈，社会对于人的素质的要求越来越高，如今更寻求以个性品质为内核的“全人格”内涵，而传统的班级教学在发展过程中越来越暴露出其在适应学生个别差异方面的不足，这就使得教学模式也必须进行相应的调整。教师适应学生是学习过程的核心。适应性教学（Adaptive Instruction）就是要求教学安排适应个别差异的环境条件，创设相应的情境，建构相应的课程知识以及建立相应的评价制度等。因此，从这个意义上讲，“个性化教学”也被称为“适应性教学”，20 世纪 80 年代以后，这两个概念是可以互换使用的。

3. 分化教学

美国著名心理学家加德纳曾明确指出，“在过去的世纪中，教学的最大错误是：假定全体儿童是没有差异的同一个体，而以同一方式教授同一学科般地对待全体儿童”。而分化教学（Differentiated Instruction）就是以分化的方式来适应学习者差异性的个性化教学。每个学习者在学习意向、兴趣、天赋方面都有自己的特点。具体来说，学习意向是学习者的学习倾向性，包括性别、文化、学习风格、智力倾向性等。例如，有的学习者倾向于以逻辑和分析的方法学习；有的学习者则倾向于借助大量图片来感知、理解具体的内容。兴趣是学习者对某一特定专题或技能的好奇心、爱好或偏爱，例如有的学习者非常喜欢语言而被允许进行文学研究；有的学习者对盖房子感兴趣而选择学习建筑。天赋是学习者在某一方面与生俱来的理解力、学习能力或技能，天赋对学习效率的高低会产生一定的影响。

分化性教学强调的是以异质分组的形式来调整班级内部的个别差异，以实现个性化教学。学生的差异性是一种合理性存在，分班分组就必然要体现这种差异性，这就是随机分班分组。经过一段时间的教学之后，通过测验了解学生的成绩和水平状况，然后分成若干小组，让一部分儿童借助各种视听工具等教学手段进行自学作业。然后，把学习较差的学生集中起来，把学习较好的学生也集中起来，由教师分别给予特别指导。这种情况下，教学并不否定同质分组，而是把同质分组与异质分组有机地结合起来。

（二）个性化教学与个别教学

就目前的情况来看，与个性化教学极易混淆的一个概念是个别教学。因此，为了正确理解个性化教学，我们有必要搞清楚个别教学的含义。国内许多学

者都接受了个别教学这一概念。实际上，个别教学与个性化教学是有很大区别的。《中国大百科全书·教育》对个别教学的解释是：在同一个教室里聚集着年龄不一、程度不一的学生，教师以一对一的方式进行授课，每个学生的教学内容与教学进度都各不相同，教学时间也没有统一的安排。因此，个别教学就是师生之间以一对一的方式开展教学的结构。欧洲中世纪的学校和中国封建时代的私塾教学就属于这种组织形式。此外，在我国一些偏远地区或经济比较落后的地区，这种方式仍然存在。一般来说，个别教学的实际效果都不太好。可见，个别教学与个性化教学完全是两回事，我们绝不能将二者混为一谈。

（三）个性化教学的原则

从新时代对教学的新要求看，个性化教学应该成为一项系统工程。我们可以从以下几方面把握其原则。

1. 理念的个性化

每个学习者与生俱来就各不相同，教师不能忽视学习者之间的智力差异，也不能假设每个学生都拥有（或应该拥有）相同的智力潜能，而是应该努力确保每个学生所接受的教育能最大限度地发挥其智力潜能。个性化教学以了解每一名学习者智力特点为前提，强调在可能的范围内发展不同的教学方式，使具有不同智力的学习者都能受到同样好的教育。教师不应使用刻板的眼光去看待学生，而应在了解每个学习者的背景、学习强项、兴趣爱好的基础上，确定采用学生自身最新的学习框架去做最有利于学习者学习的教育决定，从而确立最有利于学习者学习的教育方式。

2. 形式的个性化

只有将学生内在的动力激发出来，学生的潜能才能得到充分发挥，并逐渐养成自主学习的行为、习惯、态度和精神，学习才可能达到预期的目标。因此，采取什么样的教学形式就成了至关重要的问题。对学生而言，学习活动是发生性的，这就意味着教学必须是个性化的，要受到学生的经验、意向、兴趣、水平、需要等因素的影响。

教师应对学生情况进行汇总和分析，并在此基础上采取小班化教学、个别辅导、小队教学、同伴辅导、探究性学习、合作学习、自主学习等多种形式来弥补传统教学的不足。此外，教师还应在实践过程中不断总结经验、不断创新。

3. 目的的个性化

目的的个性化就是通过教学，培养出具有个性化的人才，而不是规格化、标准化的人才，不是千人一面，而是人人生动活泼，具有丰富多彩的表达方式，具有冒险和创新精神。如前所述，个性化教学是服务于素质教育的，而素质教育的目的在于培养“全人格”。教师应认真对待每个学生的特质、兴趣和学习目标，并尽最大可能地帮助他们发掘自己的潜能。此外，教师应根据教学内容、教学对象的不同，创造性地设计各种适宜的、能够促进学生充分发展的教学方法与策略，使学生能以向他人（包括自己）展现他们所学的、所理解的内容的方式去了解和掌握教学材料。随着时间的推进，学生会积极主动地寻求与自身智力相匹配的教学机会，逐渐从传统智力的藩篱中脱离出来，最大限度地发挥自身潜能。这样，教学的个性化色彩越来越浓，学生与学生之间的差异也越来越明显，大大增加了学生学习成功的可能性。

4. 手段的个性化

现代科技的发展尤其是现代信息技术的发展为教学提供了更多可供选择的手段，为个性化教学提供了强大的物质基础。具体来说，这些技术上的进步不仅提供了许多硬件设备，如录音机、投影仪、电视、电影、电脑等，还提供了许多储存容量大、功能强大、界面友好的软件与应用系统，如音频视频播放软件、多媒体课件制作软件等，为个性化教学的有效实施创造了更加便利的条件。因此，教师应充分利用校园文化资源、乡土和社区资源、广播电视手段、计算机技术手段、网络技术手段等，更好地向前推进个性化教学。

5. 内容的个性化

内容的个性化可以从理论与操作两个层面来分析。从理论层面来看，教学内容的个性化包括以下两个方面的内容：

（1）个性的多样性与课程的选择性。从操作层面来看，教师应优化教学资源，结合学生情况开展选修课程。此外，还应进行课程的分化与统整，做到在分化中统整，在统整中分化，使课程的设置与安排尽量与学生的个性化差异相符合。

（2）自我的完整性与课程的综合性。个性化教学以培养学生的自由人格为目的。冯契先生认为，自由人格就是有自由德行的人格，在实践和认识的反复过程中，理想化为信念，成为德行，就是精神成了具有自由的人格。这种自由人格是在“基于实践的认识世界和认识自己的交互作用过程”中实现的，因此，课程的综合性就显得十分必要。课程必须具备一定的综合性，这是培养学生自由人格的前提和基础。

（四）个性化教学的实施

在个性化教学的具体实施中，教师决定着教学理念的选择、教学目标的制定，教学活动的安排及教学效果的质量，是最重要、最核心的环节。在开展个性化教学的过程中，教师应从以下几个方面来努力。

1. 改变教学观念

（1）树立个性化教学观念。要想实行个性化教学，首先要改变传统的教学观念，树立个性化教学观念。教师作为个性化教学的实施者，身上担负着重要的责任，因为教师的教学观念直接影响着教学的开展。所以，为了保证高职英语个性化教学的顺利实施，教师必须转变教学观念，具体来讲，教师要实现两个转变：就教学目标而言，要从原来的以阅读、写作为主向以听、说为主转变，全面提高学生的语言综合能力；就教学主体而言，要从以教师为主向以学生为主转变。在具体的教学过程中，教师不仅要向学生传授英语知识，同时要培养学生自主获取知识的能力；不仅要让学生掌握学习语言的规律与方法，同时还要引导学生积极思考，培养学生的自主学习能力；不仅要确定学生的主体地位，还要兼顾学生的情感、个性、智力的需求，更要明确自己的主导地位。

（2）摒弃应试教育思想。转变教学观念还包括摒弃以往的应试教育思想，树立以培养学生英语实用能力以及全面发展学生个性为目标的教学观念。长期以来，应试教育一直都是我国教育中的严重弊病，而且存在于我国教学的各个阶段中。在高职英语教学中，应试教育思想依然十分明显，这严重阻碍了高职英语个性化教学的实施。所以，为了高职英语个性化教学更好地实行，必须改变应试教育思想，树立新的评价机制，确保学生的全面发展。

2. 创造宽松教学氛围

哲学家约翰·密尔（John Stuart Mill）曾说：“天才只能在自由的空气里自由地呼吸。”盖茨就读的滨湖中学就为盖茨提供了课堂教学师生相互作用的良好机会。例如在上课时，盖茨与物理学教师争论气体膨胀的问题。他以在课堂上找出教师的漏洞为一大乐趣。正是因为有这样宽松、自由的课堂氛围，才能使盖茨保持自我的人格与性格，并充分发挥自己的潜质。

实践表明，在高度焦虑的状况下，学生处于一种压迫状态，学习效果并不理想，更谈不上培养创造性。人的创造性和学习效果都只有在一种较为自由的状态中才能够发生。在这样的环境中，学生没有任何顾虑和压力，心理安全、自由，不必担心自己没有按照教师的要求去做而受到指责批评。可见，宽松自由的教学氛围，是促进学生个性发展的前提条件。教师应尊重学生的个性、禀赋、选择，建立平等的师生伦理关系，使学生有展示个性和发挥潜能的舞台，这样学生才能找到学习的乐趣和奋斗的动力。

3. 提升个人综合素质

个性化的教师，是指那些对教育教学理念有独特见解并采取与之相适应的教育教学行为方式的教师，这种教师是教师个人的气质、性格等人格特征在教学活动中的反映和体现，主要包括教师的个性化教学观、知识结构、能力结构、教学艺术和管理艺术等。个性化的教师既有自己的独到见解，又能遵循教学的基本原则，是个性化教学有效实施不可或缺的重要条件。因此，每位教师都要努力提升个人素质，加强自己的理论修养，积极探索、努力创新，争做优秀的个性化教师。

（五）采取个性化的教学策略

每个学生在学习能力、学习经验、兴趣爱好和心理特征等方面都有自己的特点，这就使得学生在学习的每个环节上也会表现出个体差异。因此，在教学过程中，教师应有针对性地制订适合不同学生的教学计划，并采取灵活多样的教学策略。下面这些策略可以有效帮助教师解决在个性化教学过程中遇到的问题。

1. 自主学习教学策略

自主学习策略的核心是要发挥学生学习的主动性、积极性，充分体现学生的认知主体作用，其着眼点是如何帮助学生“学”。因此，这类教学策略的具体形式虽然多种多样，但始终有一条主线贯穿始终：让学生自主探索、自主发现。自主学习策略的基本过程是让学生通过对具体事例的归纳来获得一般法则，并用它来解决新的问题。其大致步骤如下所列：

（1）问题情境。教师设置问题情境，提供有助于形成概括结论的实例，让学生对现象进行观察分析，逐渐缩小观察范围，将注意力集中在某些要点上。

（2）假设—检验。让学生提出假说并加以验证，得出概括性结论。学生先通过分析、比较，对各种信息进行转换和组合形成假说，而后通过思考讨论，以事实为依据对假说进行检验和修正，直至得到正确的结论，并对自己的发现过程进行反思和概括。

（3）整合与应用。将新发现的知识与原有知识联系起来，纳入认知结构的适当位置。运用新知识解决有关问题，促进知识的巩固和灵活迁移。

（4）设计学习评价系统。评价系统以标准参照测验（Criterion-Referenced Test，CRT）为基本形式。经过一段时间的学习后，学生可以自行决定是否接受测验。若通过测验可进行下一单元的学习；若未通过测验，教师应及时给

予指导以帮助学生最终掌握学习的知识。

（5）建立计算机教学辅导和管理系统。计算机辅导与管理系统可以使教师实时追踪学生的学习状况，从总体上把握学生的学习进展情况。

自主学习策略一方面关注学生对基本概念和原理的提取、应用，另一方面关注学生在发现过程中的思维策略，关注探究能力和内在动机的发展，因此，有利于培养学生的探索能力和学习兴趣，有利于知识的保持和应用；但是，这种学习往往需要用更多的时间，效率较低。

2. 同伴辅导教学策略

同伴辅导是学生配对的个性化教学策略，指在多样化教学情境中，教师安排学生通过一对一的搭配促进学生互相帮助的教学策略。同伴辅导可以通过以下三种方式展开：

一是不同年级学生之间的辅导，通常是高年级学生辅导低年级学生。这种方式不仅可以提高被辅导者的学业成绩，还可以帮助学生发展其社会性品质。

二是两个学生之间平等地互相帮助，共同参与学习活动。这种方式的扩充形式是合作学习。

三是同一班级内学生之间的互相辅导。这种方式最为普遍。

同伴辅导的优点不言而喻。学生往往因为害怕教师的权威而不敢向教师提问，但在同伴辅导过程中，同伴之间没有压抑感，可以大胆地进行提问与讨论，从而能够获得解决问题的思路。

作为辅导者的学生通过解答问题可以加深自己对题目的理解，从而提高学习效率。作为被辅导者的学生由于不用担心同伴的批评也可以充分表达自己的看法，有利于养成“不耻下问”的学习态度和积极主动的行为习惯。

作为辅导者的学生可以通过以下两种方式进行辅导。一种是解释型，即通过层层分析告诉被辅导者错在哪里、如何解决，对被辅导者的帮助较大。另一种是总结型，即直接纠正被辅导者的错误或给出正确答案，这种方式对概念重构帮助不大。

3. 风格本位教学策略

风格本位的教学策略要求调整教学环境，以适应不同学生的差异。

教学风格主要指教师教学过程中稳定的行为样式，涉及教师的情感和态度等广泛的个性特征。彼德森认为，教学风格就是指教师如何利用课堂空间组织教学活动、准备教学资源以及选择学生群体等的相对稳定的行为样式。教学风格的核心就是行为和方法策略在一定时间内的相对稳定性，教师教学风格的建立需要一定的时间，新教师谈不上风格本位的教学，只有从事了一定时间的教学，积累了丰富经验的教师，才能够谈及风格本位的教学。

风格本位的教学策略要求调整教学环境，以适应不同学生的差异。鲁宾（L.Rubin）提出了六种教学风格类型：

（1）改进型。改进型教师重视学生的反馈信息，善于利用反馈信息来分析学生情况，诊断学习错误，并提出建设性意见。

（2）信息型。信息型教师知识面广，能为学生提供大量与学习有关的信息。

（3）程序型。程序型教师指导学生活动，并促进学生自我教学和自主学习。

（4）鼓动型。鼓动型教师以情感投入来激发学生的学习注意力和兴趣。

（5）互动型。互动型教师以对话和提问的方式促进学生思维的发展。

（6）陈述型。陈述型教师以教材为中心进行知识陈述。

风格本位的教学策略需要教师在课程教材方面进行改革，契约活动包（Contract Activity Packages，CAPs）是最常用的方法。契约活动包是为那些倾向于结构化学习环境的学生或追求自我选择的学生提供的教材大纲，代替了全班课堂教学的课程教材，向学生提供可供选择的作业，以满足个性化教学的需要。

二、ESP 教学方式

ESP 的英文全名是“English for Specific Purposes”，即专门用途英语。ESP 教学起源于 20 世纪 60 年代，是一种将英语知识和专业需求相结合的实用型教学理论。在我国，ESP 教学已经在众多高等院校兴起，因此 ESP 不仅成了英语语言教学的分支学科，同时还是近几年应用语言学研究领域的热门学科。随着我国社会主义经济建设对复合型人才需求的增长，ESP 教育在未来的社会发展中具有很大的发展潜力，值得人们的重视和关注。本节接下来的内容将集中讨论 ESP 的基本知识、ESP 与现代高职英语教学的联系与区别，以及 ESP 教学对现代高职英语教学的意义这几个方面，希望对各高等院校的高职英语课程有所帮助。

ESP 作为一门学科来说，其实发展的时间并不是很长，但是各个学派在不同时期对其赋予了不同的含义，甚至还出现了不少的论文、课题或者研讨会等。

（一）ESP的定义

关于 ESP 的定义有各种不同的说法。下面我们就其中几种具有代表性的观点进行介绍：

1. 韩礼德、麦金托什和斯特雷文斯的观点

20世纪60年代，著名的语言学家韩礼德（Halliday）、麦金托什（Mcintosh）和斯特雷文斯（Strevens）在他们合著出版的《语言科学与语言教学》（*The Linguistic Sciences and Language Teaching*）一书中，对专门用途英语的定义做了如下的阐述："English for civil servants,for policemen,for officials of the law,for dispensers and nurses,for specialists in agriculture, for engineers and fitters."（公务员英语、警察英语、法官英语、药剂师和护士英语、农业专家英语、工程师和装配师英语）由此我们不难看出，这三位专家均认为专门用途英语教授的是英语在各个职业领域中的专业表达。尽管这三位语言学家列举出了专门用途英语使用的领域，但是这不能够准确说明专门用途英语究竟是什么。

斯特雷文斯明确地给专门用途英语下了一个定义，"Broadly defined, ESP courses are those in which the aims and the content are determined, principally or wholly not by criteria of general education (as when English is a school subject in school) but for functional and practical English requirements of the learner."（从广义上来说，专门用途英语课程的目标和内容，不完全或者完全不取决于普通教育的标准，如英语被当成学校里的一门科目，而取决于学习者对英语在功能和实际应用上的需求。）这是普遍被人们接受的一个专门用途英语定义版本。此后，斯特雷文斯对ESP做了更为深入的研究，从而进一步完善了ESP的定义，其中包含四个根本特征和两个可变特征，主要表述如下：

（1）根本特征。根本特征的英文全称是"Absolute Characteristics"，主要包含以下四个方面：① ESP设计目的是满足学生的特殊需求；② ESP的教学内容涉及特定的学科、职业及活动；③ ESP教学将词汇（lexis）、语法（grammar）、语义（semantics）、语篇（discourse）以及话语分析（analysis of the discourse）等放在特定的语境中；④ ESP教学与现代高职英语教学形成明显对照，甚至可以说是两个截然不同的概念。

（2）可变特征。可变特征的英文全称是"Variable Characteristics"，其主要包含以下两个方面：①可以只训练某一专项技能，例如阅读技能或者口语技能等；②可以随意选取教法，不一定非要按照既成的教法进行教学，尽管"交际法"被认为是最适合ESP教学的，但是ESP教学并不能只限于"交际法"。

2. 哈钦生和沃特斯的观点

关于专门用途英语的定义，哈钦生和沃特斯认为，"ESP must be seen as

an approach not as a product.ESP is not a particular kind of language or methodology, nor does it consist of a particular type of teaching material...ESP, then, is an approach to language teaching in which all decisions as to content and method are based on the learner' s reason for learning."（专门用途英语应该被看作一种途径,而不是一种产品。它不是一种特殊的语言或特殊的教学方法,它也不包括特殊的教学材料……它只是一种语言教学方式，在这种教学方式下，所有教学内容及方法都是在学习者的学习目的上开展的）。

哈钦生和沃特斯认为,ESP的基本问题是回答"为什么需要学一门外语",想要确切地知道专门用途英语究竟是什么就必须先弄清楚学习者为什么学外语。确定专门用途英语界限的关键问题是学习者学习外语的需求、动机。比如,有的学习者学习外语是为了通过某一个考试，有的则是为了学习外国同行先进的专业知识，有的是为了解决工作上与外国客人沟通交流的问题……无论出于何种目的，当我们对学习者的这些需求、动机进行仔细分析与系统研究之后，就会清楚理解什么是专门用途英语、什么不是专门用途英语。

3. 达德利·埃文斯和圣约翰的观点

达德利·埃文斯（Dudley Evans）和圣约翰（St.John）受斯特雷文斯思想的影响，进一步阐释了ESP教学，从广义来说，主要表现在以下几个方面：

（1）ESP应该显示出自身的独特性。两位学者认为ESP与现代高职英语教学存在明显的差异，应该将二者区分开来，尤其是在教学方法和教学主张上。

（2）ESP具有明显的跨学科性。既然ESP的目标是培养学生的专业运用能力，那么不仅会涉及英语语言知识及语言技能，还会涉及学生所学专业的知识。

（3）ESP教学模式下教师角色转变。在英语语言知识上，ESP的教师角色和现代高职英语教学的教师角色基本相似，但是在专业知识上，教师应该充当顾问的角色，为学生的专业知识提供语言上的帮助。

（4）ESP的课程设置具有指向性。ESP教学本身的独特性决定着在专业知识上的指向性，意思是说所有教学方法和教学内容都是根据学生的专业知识而设计的。

由此可见，达德利·埃文斯和圣约翰对专门用途英语的定义与斯特雷文斯的定义有很多相似之处。不同点在于他们去除了"与一般用途英语形成对比"这一观念，而增加了一些专门用途英语的相对特征，弥补了斯特雷文斯定义中的一些不足，改善了缺陷。另外，从达德利·埃文斯和圣约翰对专门用途英语的定义中我们可以看出，专门用途英语在本质上是一种教学方式，并不

绝对地区别教授对象、限制授课内容。其教学目的在于满足学习者的特殊需求，教学内容通常是和某一特定学科相关的英语语言技能。正如达德利·埃文斯和圣约翰所说，专门用途英语是一种“思维态度”，这和哈钦生与沃特斯的看法在本质上是一致的。虽然以上定义有所不同，但是定义中所包含的专门用途英语的基本特点是一致的，这些特征包括以下几个方面：

（1）教学目标明确，教学活动和实际需要紧密联系。

（2）没有固定的教学模式，但有特定的教学内容，并且根据教学对象集中表现出来的特定需求确定教学方法。

（3）学习者不仅包括一般的在校生，也包括有工作经历的员工，并且学习者的学习目的明确。

（4）涵盖的知识领域比一般用途英语宽，既包括英语教育，又包括专业知识的讲解。

（5）对教师的要求与一般用途英语的教师的要求不同。专门用途英语的教师不仅要像一般用途英语的教师那样教学生英语基本功，还要了解具体专门用途英语对应的专业知识。

4. 罗宾逊的观点

罗宾逊（Robinson）考虑到了学习者的需求，曾经对ESP做了这样的描述：“ESP may often be thought that a characteristic, or even a criteria feature, what is more important is the activities that students engage it.”（ESP通常被认为是一种特征，甚至是一种标准特征，更重要的是学生所从事的活动。）罗宾逊的观点主要是从根本上区别了ESP和现代高职英语教学，即指出了二者的目标。在ESP教学中，目标的确定有助于高职英语教学中教学内容的选择和教学方法的运用。同时，罗宾逊对ESP的认定主要立足于以下两个判断标准和两个基本特征：

（1）判断标准。一是ESP主要以目标为导向，二是ESP主要针对学生的需求。

（2）基本特征。一是ESP设定了基本的学习期限，二是ESP的班级设置要考虑学生的程度差异。

另外，罗宾逊考虑到ESP课程是面向具有相同专长或者工作背景的成年人讲授的，因此提出了“同质班级”（homogeneous classes）一词来形容这样的集体。所谓“同质”，意思是学习者具有相似的教育背景、语言程度及工作经历。

以上各位学者对ESP的定义存在着某些合理性，同时也存在着明显的不足。例如，斯特雷文斯等人对ESP的定义很全面，认为ESP教学的内容与特定的学科、职业和实践活动相关联，这会给教师带来一种误导，教师会认为ESP必然与学科内容相关，因此在教学上就完全倾向于学科知识。事实上，ESP教学不必完全依赖学科内容，它应该反映出某个学科的基本概念以及其实践活动。其他的学者也是一样的，都有其合理性和弊端。但是我们更为接受的是哈钦生和沃特斯的说法，认为ESP是一个途径而不是一种产品，它并不存在语言的特殊种类及固定化的教学方法，它与现代高职英语教学存在着明显的不同，但是这种不同需要根据学习者的实际需求而定，之后会对学习者的需求进行分析，这里就不过多地描述。

（二）ESP与现代高职英语教学的联系

目前高职英语教学存在许多问题，这些问题的根本原因是高职英语教学定位的偏差。我国高职英语教学普遍定位于基础英语，而基础英语教学的目标就是培养学生的综合应用能力，就是打基础，而忽略应用。但是，现如今的社会情况发生了改变，高职毕业生面临经济全球化和高等教育国际化的挑战，面临着国家对“大批具有国际视野、通晓国际规则、能够用英语直接参与国际事务和国际竞争的国际化人才”的需求。在这种新形势下，若还是仅仅把英语作为一门语言课程或素质课程来教，还是只注重学生英语基础的牢固，把培养语言技能当作高职英语教学的主要目标，这不能不说是严重的定位错误，因为这样的教学定位既不符合外语教学规律，也不符合我国学生专业学习和毕业后工作的需求，更不符合国家与社会对人才培养的战略要求。而ESP教学是现代高职英语教学的延续和发展。社会语言学家认为现代高职英语教学和ESP是语言学科的两个阶段，前者主要是为了培养学生的语言能力，帮助学生掌握基本语言技能，即听、说、读、写、译这些基本功；而后者是为了培养学生的交际能力，使学生能够在不同的语言环境中实际运用。可见，前者是后者的准备，后者是前者的应用，两者是一个连续的统一体。利用ESP的理念对其进行改革不失为一个提高教学质量的有效方法。首先，ESP教学理念中的需求分析（包括社会、学生等各个方面）能够提高学生学习的动力，无形中也就提高了学习的效果；学科特点分析使教师和学生明白本学科的重点、难点，教师能够有针对性地选择合适的教学内容和教学方法，学生也能有意识地调整学习的策略，以学生为主体的教学理念将学生的学放在第一位，一切都围绕这一核心进行，教学效果也不言而喻。其次，ESP教学能够优化学生的知识结构，使学生在已有的专业知识和英语知识的基础上，利用英语获得更多的专业知识，通过专业知识的学习促进英语水平的提高，最终提高自己的综合素质，成为“专业＋英语”的多元化人才。但是，两者也存在着明显的不同，具体表现在以下几个方面：

1.ESP 与某种学科密切相关

ESP 是一种多元形式的教学理念，它会涉及学生所研究的专业的语言知识。ESP 教学是有目的性的，从上一部分众多学者对 ESP 的分类中可以看出，ESP 教学具有学术性和职业性，即与法律、医学、电工、金融等专业有关。

2.ESP 属于应用语言学范畴

从语言学角度来说，ESP 和现代高职英语教学都是英语语言教学的重要组成部分。作为语言教学的分支，ESP 也是在学习英语，包括英语词汇、语法、语篇等，但不同的是 ESP 主要是学习某种专业的语言结构。可见，现代高职英语教学是一种专业课程，主要是学习英语的理论体系，而 ESP 是学习某种专业的语言特点，用来传授专业性的语言知识和技能。所以 ESP 属于应用语言学的范畴。

3.ESP 强调应用技能

从上面可以看出，ESP 和现代高职英语教学的目的存在明显的差异，既然 ESP 是现代高职英语教学的应用阶段，强调的是应用技能，那么必然导致课程设置也存在明显的差异，主要表现在教学方法、教材选择及教学评估上，下面逐一进行介绍。

教学方法方面：ESP 教学和现代高职英语教学的目的不同导致了教师教学方法的根本区别。在现代高职英语教学模式下，我国大多数高等院校采用黑板、粉笔、教师加课堂的教学方法。教师独占讲台，学生主要是听课、记笔记及做练习，这种教学方法主要是为了应付四、六级考试，而不能满足社会对英语人才的需求。同时学生的英语基础水平也存在很大差别，教学内容众口难调，这种统一的教学方法很难照顾到每一个学生。而 ESP 教学正好弥补了这一不足，在教学方法上以学生为中心，注重学生的应用实践，发挥学生的主体作用。一切从学生实际需求和学习目的出发，必然能够调动学生的学习积极性。

教学选材方面：ESP 教学的选材是主要根据学生的需求而定，只要符合以下四个标准，就都可以被选作教材。①真实性。所谓真实性，就是要求 ESP 教材的选择应该更靠近原文，而不应该是后期节选、改编或者翻译过的书籍。另外，还需要注意的是 ESP 教材与学生所学专业或者所从事的职业紧密相连。②广泛性。所谓广泛性，指的是教材的内容所包含的项目要广泛。这个广泛既要涉及语言项目，又要涉及学生职业相关的语言项目化背景和社会知识。③合适性。所谓合适性，说的就是既然 ESP 教学是为了满足学生的需求，该根据学生而定，难度太高和难度太低都会降低学生的学习兴趣。④兼容性。所谓兼容性，是指选材要与 ESP 教学大纲相兼容。ESP 教学大纲是根据需求分析而设计的，因此英语教学中也应该体现教学大纲中规定的教学价值。通过学习教材，使教学大纲的目标得以实现。

教学评估方面：对于现代高职英语教学模式而言，对教学成果的评价主要来自定期的测试，包括第一学期期末考试和第二学期期末考试。而考试卷子的内容都来自课堂所讲，然后学生只要按照教材进行记忆，就可以顺利通过。而对于 ESP 而言，教学评估不仅要涉及课堂所讲，还要涉及课外实际应用。这就是内部评估和外部评估。

因此，未来我国高职英语教学的目标和课程设置不妨朝着“以服务为宗旨，以就业为导向”的方向发展，变“为学习语言而学习语言”为“为学习专业而学习语言”，遵守学以致用的原则，使学生在使用中学习和提高语言能力，并利用这种语言能力解决专业领域中的实际问题。从这一方面看，ESP 教学有利于学生英语综合运用能力的提高，可谓我国 ESP 教学的一个发展方向。对 ESP 教学的研究具有极高的价值和意义。

第二节　慕课与微课的教学模式

一、慕课的教学模式

在教育全球化和信息化的背景下，基于“开发共享”理念的开发教育资源运动（Open Educational Resource，OER）是全球教育发展的重要趋势。

“开放课程协助提升全世界每个角落的高等教育”“知识公益，免费共享”“世界是平的、世界是开放的”等理念逐步得到广泛认同，开放教育资源运动不断深入推进。

（一）慕课的内涵

MOOC（Massive Open Online Course）即大规模开放网络课程，是近年来开放教育领域出现的一种新课程模式，其理念是通过信息技术和网络技术将优质教育送到世界各个角落。关于慕课，维基百科的定义一直在修正。它是一种新形态的学习模式，可提供公平、开放、自主的学习机会，成就每一位学生，逐步实现全民教育。它是在互联网技术成功运用于教育、开放教育的理念得到社会认可、社会化学习成为一种主要学习形式的背景下出现的。它有利于构建社会化学习网络，有利于知识的创造和分享，对于推动开放教育可能会产生深远的影响。它以学习者、社交网络和移动学习为核心，由一群愿意分享与深化自我知识的学习者组成，通常还需要一到数位专家的带领，

在一定的时间内，学习者可以通过各种 Web 与移动学习工具进行特定主题的学习。西门思、科米尔等对 MOOC 概念进行了解析：“大规模”是指参与学习的学习者数量众多，一门课程的学习者可以成百上千；“在线”是指学习资源和信息通过网络共享，学习活动发生在网络环境下；“开放”是指学习是一种开放的教育形式，没有限制。

在 MOOC 平台上，众多学习者可以采用多种方式进行互动学习，还可以自发组织学习小组，充分利用群体智慧。

（二）慕课的分类

MOOCs 是信息技术与课程教学高度融合的集大成者，是最具代表性的教育技术发展的产物，是数字信息时代最新型的革命性教育范式。作为一种教育平台，MOOCs 承载着多种教育理念，推动新媒介与教育的深度融合，在短时间内不断发展演变，先后出现了 cMOOCs、xMOOCs、tMOOCs、SPOCs 及 MPOCs 等慕课形态，反映了现代教育观念的多样性和融合性在教学技术应用领域的体现。

1.cMOOCs

cMOOCs 以联通主义理论为基础，提出了适合数字时代基于网络的分布式认知过程的学习理论和教学模式，侧重于知识建构与创造，强调创造、自治和社会网络学习。cMOOCS 是一种能有效利用 Web2.0 支持学习的教学法。

2.xMOOCs

xMOOCs 以行为主义理论为基础，关注知识重复，xMOOCs 课程模式更接近传统教学过程和教学理念，如过程性评估和学习者互评，凸显短视频的作用，侧重知识传播和复制，强调视频、作业和测试等学习方式，为“翻转学习”提供了重要参考。其标志是有着明确的目标、教师导向并基于行为、认知心理学和学习理论进行评价。它催生了教学系统设计（ISD）的教与学的理论与实践。这种系统在多年的学习和研究中已演进和模式化成为达到可测量的学习结果，对多种方式的时间和效果进行研究。在教学模式上，xMOOCs 可以设计自主学习模式和翻转课堂模式；在学习支持上，可以提供课程索引、评价、推荐等功能；在学习分析上，可以支持课程海量数据的学习分析，提高学习系统的适应性。xMOOCs 构建了一个由技术环境、社会环境和教学环境组成的学习生态系统。

xMOOCs 的课程模式主要包含两个显著的特征：（1）在 xMOOCs 课程中，教师提供的资源是知识探究的出发点；教师的地位和作用与传统课堂教学不同，更多的是扮演课程发起人和协调人的角色，而非课程的主导者；课程组织者设定学习主体、安排专家互动、推荐学习资源、促进分享和写作。（2）学习者在 xMOOCs 中具有较高的自主性，学习依赖于学习者的自我调控；学习者自发地交流、协作、建立连接、构建学习网络。学习者进行基于多种社交媒体（如讨论组、微博、社会化标签、社交网络等）的互动式学习，通过资源共享与多角度交互拓展知识的范围；通过交流、协作、构建学习网络，通过社区内不同认知的交互构建新的知识。

3.tMOOCs

tMOOCs（Task-based Massive Open Online Courses，即基于任务的 MOOCs）以建构主义理论为基础，旨在使学习者通过完成多种任务获取技能。tMOOCs 的课程组织侧重于自组织，内容可以动态生成，这种课程模式很难用传统方式进行评价。tMOOCs 的优缺点都比较突出，优点是符合社会建构主义学习理念，有助于学习者之间的协作与共同成长；其缺点是由于 MOOCs 学习人群的规模巨大，教学组织有很大的局限性。tMOOCs 教育观在贯彻社会建构主义学习理论方面的优势被其在开展社团实践方面的局限性所湮没，这就促使开发者深入反思，并且研发新型 MOOCs 形态。在“慕课热”不断发酵的背景下，教育工作者必须理性地分析 MOOCs 的发展轨迹，正视 MOOCs 的缺陷和不足，把基于 MOOCs 所进行的改革焦点回归到教学和教学法上，将教学作为核心。MOOCs 在线学习形式所暴露的“现实孤独感”表明，MOOCs 缺乏传统教育中的人际互动。不利于学习者维持良好的学习动机。通过对 MOOCs 暴露的缺点和问题的探讨，人们不断探寻 MOOCs 与传统教育对接、融合的方式。在此背景下，SPOCs 和 MPOCs 应运而生，也形成了 MOOCs 发展的新局面。

4.SPOCs

SPOCs（Small Private Online Course，小规模限制性在线课程）的概念最早被 FOX 提出。“small”和“private”是“massive”和“open”的相对概念。“small”是指学生规模较小。“private”是指对学生设置限制性准入条件，达到要求的申请者才能被纳入该课程。中国式 MOOC 是 SPOCs 的一种实践形式。它是一种基于混合式教学模式（MOOC+ 翻转课堂）的教学实践。它将线上的虚拟空间与线下实体空间有机结合，能有效地将信息技术与高校教学进行深度融合。SPOCs 是对 MOOCs 的继承、完善与超越，是后 MOOCs 时代的一种典型课程范式，具有小众化、限制性、集约化等特点，能够促进优质 MOOCs 资源与传统课堂面对面教学的深度融合。代表了 MOOCs 的未来发展方向，重塑了教学观和学习观，实现了对教学流程的重构与创新。而且，SPOCs 重新定义了教师的作用，创新了教学模式，并赋予学生完整、深入的学习体验，提高了课程的完成率。SPOCs 将成为高等院校深化课程教学改革、

推动优质 MOOCs 建设的重要形态，是高校开展线上线下相结合混合式学习模式的新趋势，有望推动高等教育在学籍制、学分制、课程设置和教学模式等层面的深入改革。

5.MPOCs

MPOCs（Massive Private Online Courses），即“规模私有在线课程”，是以 MPOCs 为基础，通过培养合格的网络辅导教师同时开设多个“班”的方式，实现大规模私有在线网络教学。在课程设计上，MPOCs 以学习者分析、教学目标分析等为出发点，注重教学内容的表达。设计有效的教学活动，使课程设计方案落实到教学实施的行为层面。在运营阶段的班额、收费、师资配备等方面，MPOCs 既区别于传统的 MOOCs，也不同于 SPOCs，将高职里的传统学位课程转变为网络课程，既克服了 MOOCs 巨大的学生流失率，也将优质教育资源有力地充实到学分体系中来，是 MOOCs 未来发展的一个重要方向。

MOOCs 是 21 世纪以来高等教育领域中令人震撼的突变现象，将 MOOCs 置于社会历史背景下看待它的诞生与风靡，我们不难发现，其实 MOOCs 并非一个突然降临地球的外星理念，其孕育、形成与风靡的过程正是网络时代至今持续酝酿着的信息大变革。这正是世纪科技发展的自组织系统内部所形成的随机扰动，使高等教育系统本身远离平衡态，从而形成一个系统整体的“巨涨落”。这一变化，终将直接导致高等教育系统进入不稳定状态而跃迁生成新的稳定有序的耗散结构。由此，全球网络革命的跃迁，使得人类知识的建构、控制及获取知识的方式都发生了翻天覆地的改变。关联主义创始人西蒙斯指出：传统知识存储机制的多数知识仅处于“知道关于”（Knowing About）和“知道如何做”（Knowing to Do）的基本层次；而网络时代的知识在这样的认知基础上，更包含了“知道成为什么样”（Knowing to Be）“知道在哪里”（Knowing Where）和“知道怎样改变”（Knowing to Transform）。

MOOCs 的产生与发展，正是对应于当今时代更加动态、多元化知识并存状态的学习需要。也就是说，MOOCs 是我们尝试对当今以及未来不再是高度结构化、控制和线性形态知识学习的适应，我们需要改变甚至颠覆传统教育对知识结构化的单向流动模式。高等教育自诞生后的几个世纪以来，教育系统始终处于超常的组织稳定性之中，一直沿用古老的教学手段，并未将网络时代对人类未来发展和知识革新提出的新要求纳入教育结构。需求饥渴应运而生地提供了一种组织松散、非结构化、快速高效而又赋予学习者主体地位的知识传播方式，导致了全社会近乎饥渴的 MOOCs 需求。为此，我们需要迅速顺应这一伟大变革，以慕课挑战为契机推进外语学科的教学改革。

二、微课的教学模式

（一）微课的概念

微课是微视频课程的简称，翻译自英文“Micro-Lecture”，其雏形源于美国爱荷华大学（又译为艾奥瓦大学）勒罗伊（Le Roy A.Mc Grew）教授所提出的60秒课程（60-Second Course）和英国纳皮尔大学凯（T.P.Kee）教授所提出的一分钟演讲（The One Minute Lecture）。目前广泛讨论的微课概念是由美国新墨西哥州圣胡安学院的高级教学设计师、学院在线服务经理大卫·彭罗斯（David Penrose）于2008年提出的。彭罗斯认为在相应的作业与讨论的支持下，微型的知识脉冲（Knowledge Burst）能够获得与传统的长时间授课相同的效果。

学者胡铁生对微课的定义是：“微课”又名“微课程”，是“微型视频网络课程”的简称，它是以微型教学视频为主要载体，针对某个学科知识点（如重点、难点、疑点、考点等）或教学环节（如学习活动、主题、实验、任务等）而设计开发的一种情景化、支持多种学习方式的新型网络课程资源。

学者焦建利对微课的定义是：“微课”是以阐释某一知识点为目标，以短小精悍的在线视频为表现形式，以学习或教学应用为目的的在线教学视频。

学者郑小军对微课的定义是：“微课”是为支持翻转学习、混合学习、移动学习、碎片化学习等多种学习方式，以短小精悍的微型教学视频为主要载体，针对某个学科知识点或教学环节而精心设计开发的一种情景化、趣味性、可视化的数字化学习资源包。

学者黎加厚对微课的定义是:“微课”或“微课程”是指时间在10分钟以内，有明确的教学目标，内容短小，集中说明一个问题的小课程。

上述几种说法各有侧重，但都提到了三个关键点：时间、内容、形式。时间短、以视频为载体、内容集中于一个知识点或一个问题。可见，对于微课，这是公认的解释。目前国内对微课并没有一个统一的概念界定，但基本含义大体一致，它是以阐释某一知识点为目标，以微型教学视频为主要载体，针对某个学科的某个知识点或教学环节而设计开发的一种情景化、支持多种学习方式数字化学习资源。

（二）微课的价值

1. 微课挑战了传统课堂的条条框框

45分钟的传统课堂，教师站在讲台上声嘶力竭地讲，学生坐在座位上规

规矩矩地听、认认真真地背，偶尔也会有教师提问，学生回答。通过注意力保持专注的调查我们能够得出结论：一般学生学习兴趣只能维持20分钟左右，这段时间过后就会出现疲劳、走神等现象。心理学研究也证明：学生课堂学习时间的质量，取决于专注于功课的时间，即投入学习时间与学生的学习成绩成正比。学习时间过长，并不意味着学习效率高，只有学生投入有价值的学习活动，才会提高学习质量。然而，传统“灌输式”的课堂教学模式往往忽略了这一点。微课是相对于传统意义上的整堂课而言。从教学主体性上分析（教师角度和学生角度），校本微课的出现对传统课堂框架提出了挑战。

（1）从教师角度来讲。微课形式的出现，颠覆了以往的个别辅导方式，超越了时间和空间，无疑在一定程度上解放了教师。然而，这种形式对所有今天的教师而言，都会是一种全新的挑战，学生的学习可以不再仅仅以教师为主，他还可以在学习网站上找到自己所需要的老师。一些以讲授型为主的课程任课教师，也许更容易成为一个尴尬的角色，也许学生会觉得这种类型的授课教师更加可有可无。

（2）从学生角度来讲。首先，微课的最大价值体现在可以提高学生学习效率。一节课的精华总是围绕某个知识点或者某个教学点展开，精彩的、高潮的环节都是短暂的、瞬间的。学生视觉驻留时间普遍只有20分钟左右，若时间过长，注意力得不到缓解，很难达到较理想的学习效果。根据学校实际需求，把教学重点、难点、考点、疑点等精彩片段，录制为时间在20分钟左右、大小50M左右的简短视频，这种形式大大方便了学生随时随地通过网络下载或点播进行学习，从而提高学生的学习效率。其次，微课的最大价值还体现在有助于学生自主学习和有选择性学习。学生在课前通过观看教学视频进行自主学习，可根据自己的情况自主掌握观看教学视频的节奏与时间。在传统的教学模式下，知识点传授由教师在课堂上完成，学生可能会错过某个知识点讲解或无法通过教师的一次讲解完全理解知识点，而在微课程模式下，学生可以通过重复观看教学视频解决这个问题。同时，对于重难点部分，学生可以选择暂停，给自己充分的思考时间，或者即刻记录下自己的疑惑，以便在课堂上与同伴进行交流。在观看教学视频的同时，学生完成针对教学视频内容相应的练习，加强对学习内容的巩固。

2. 微课为促进教师专业成长提供了新途径

撇开纯功利性不谈，微课可以带给我们一种新鲜的感受和更加生动活泼的教学教研形式，它无疑是现在情境下教学和教研的一种先进手段。微课既可为教师相互学习提供借鉴，又可为教师诊断改进提供依据。同时，微课的出现还能提升教师的信息处理能力和水平。因此，微课的出现为促进教师专业成长提供了新途径。

（1）有利于提高教师的教学素质和专业素养。微课的表现形式主要有两种。一种是具体而微的形式，表现在有教学的全过程，即有完整的教学过程和教学环节。从内容的导入到重难点剖析、方法讲解、教学总结、教学反思，再到练习设计，与传统课堂的每一个环节没有任何差别，但微课没有学生的参与，没有师生的互动，或者说学生参与度不够，师生互动较少。微课的目的是展现教师的教学理念、教学观念或者教学设计、教学方法和教学技巧。这种表现形式有点类似说课，但又比说课更具体、更翔实，更能反映教师的教学思想和教学水平。另一种是微小的片段。为了展现整个教学过程中的某一个环节，通过录制一个教学片段来表现教师对教材的处理特点、对某个教学重点的教学处理或者对某个教学难点的突破技巧等，体现了完全真实的教师教学和学生学习过程。比如，教师如何引导学生解决问题，教师怎样指导学生掌握操作技能等。无论哪一种形式的微课，与传统课堂的展示相比，最大的不同不仅在于时间少（多则二十分钟，少则七八分钟），还在于教学目标集中，目的单纯。因此，微课非常有利于提高教师的教学素质和专业素养。

（2）有利于提升教师的信息处理能力和水平。教师应视野开阔、思维敏锐、眼光独到，对各种有用的信息具有高度的敏感性，并具有对这些信息辨别、简化、归类、贮存、联系发挥的能力，能够适时地把这些信息内化为自己的知识，运用到教学实践中去。微课的制作可以分为加工改造式和原创开发式。加工改造式即是对传统课堂多媒体形式的再呈现，换句话说，就是将学校已有的优秀教学课件或录像，经过加工编辑（如视频的转录、切片、合成、字幕处理等），并提供相应的辅助教学资源（如教案、课件、反思、习题等），进行“微课”化处理。原创开发式可以有多种技术手段，包括屏幕录像专家软件录制、ShowMe 软件录制、摄像工具录制、录播教室录制、专业演播室制作等。

3. 微课为传统教学资源建设提供了新方向

微课的核心内容是课堂教学视频片段，同时还包含与该教学主题相关的教学设计、素材课件、教学反思、练习测试、学生反馈及教师点评等教学支持资源。它主要是为了解决课堂教学中某个学科知识点（如教学重点、难点、疑点内容）的教学，或者是反映课堂某个教学环节、教学主题的教与学的活动。相对于传统课堂所要完成的复杂众多的教学内容、所要达成多个教学目标而言，微课的目标相对单一，教学内容更加精简，教学主题更加突出，教学指向（包括资源设计指向、教学活动指向等）更加明确，其设计与制作都是围绕某个教学主题而展开的。校本微课共同构成了一个主题鲜明、类型多

样、结构紧凑的“主题单元资源包”，营造了一个与具体教学活动紧密结合、真实情境化的“微教学资源环境”。只有这样，传统教学资源建设才能从肤浅走向深刻，传统教学资源的丰富内涵才能够真正体现出来。

综上所述，微课是以视频为主要载体，呈现教师围绕某个知识点或教学环节开展的简短完整教学内容的教学活动。“微视频”是微课的核心，对应“学科知识点”和“教学环节”设计制作，是微课概念的核心。

微视频课程是外语学习者在特定学习情境中，根据自主学习的需求目标，利用微视频所进行的网络学习活动的总和，也是教师利用网络对某个知识点或教学环节内容实施教学活动的总和。以“微视频”为呈现方式的“微课程”具有外语教学所需要的真实的、情境化、案例化特征。

其特点是主题突出、短小精悍、资源丰富、情境真实、易于交互、使用便捷。总之，具有明确的教学目标，通过视频、音频、文字、图片、动画等多种表现形式集中解读一个问题或知识点的教学过程称为微课程。相比较微课而言，微课程更具系统性，与传统课堂教学结合更加紧密，能够将原本沉重的学习任务，分解成若干知识“碎片”，实现轻松愉快的教学与学习。在教学实践中，微课从最初“微型资源构成方式”拓展到“简短的教学活动过程”，最终提升到“一种以微视频为主要表现方式的在线网络学习课程”，这一改变体现了微课的不断深化和完善。“微课程”概念是微课发展的高级表现阶段，“微课程”丰富了微课概念的内涵、功能和作用，使之成为构成当前学习型社会和终身教育背景下，社会公民进行个性化、自主性外语学习普遍有效的学习资源。“微课程”已越来越多地被研究者融合于正规与非正规的外语教学之中，成为“大数据”时代外语教学和学习不可或缺的课程方式。

第五章　跨文化背景下的高职英语教师

在跨文化教育成为英语教学的一种必然趋势的今天，对英语教师这一职业进行探讨尤为重要，因为教师是教育的实施者。在跨文化教育视阈下，英语教学的目标是培养学习者的跨文化交际能力，这就对英语教师的要求有了相应的转变。

第一节　跨文化背景下高职英语教师的角色定位

在跨文化教育视阈下，作为一名英语学科的教师，扮演着特殊的角色。作为一门语言学科，英语具有独特的学习方法和体系，高职英语教师在进行教学时需要从英语学科的具体特点出发，即教学中应该包含如何提高学生的英语运用能力，如何激发学生英语学习的兴趣和积极性，这就要求高职英语教师必须承担如下多重角色：

一、学生跨文化意识的路标

跨文化交际能力的培养是一个长期的过程。实际上，跨文化交际能力的培养是通过提高学生的跨文化交际意识来实现的，跨文化交际能力是跨文化交际意识的外在表现。美国语言学家加斯顿（Jan Gaston）认为，跨文化交际意识的形成包括认识期、接受或排斥期、融合或民族中心主义期、超越期四个阶段。

（一）文化意识觉醒时期

在文化意识觉醒时期，个体开始意识到文化及其影响的存在，并且开始意识到其他文化的存在。

在文化意识觉醒时期的教学活动中，教师必须注意向学生传授不同文化之间的差异，并引导他们去注意这些差异，不仅包括具体、外显的文化差异，

而且包括抽象、内隐的文化差异。文化意识觉醒时期的关键特征表现为非判断性观察，即客观描述所见文化，避免使用判断性语言进行评价。也就是说，教师教学不要用一些武断的字眼，如“进步”“先进”“落后”“滑稽”等随意地给某种文化或文化行为贴上标签，即不能通过刻板印象随便对某种文化下定义。相反，一个优秀的跨文化交际者应该秉着实事求是的态度，客观地描述发生的种种现象。对英语教师来说，他们应该为学生设计一些体现这些文化现象的课堂活动，引导学生理解这些文化行为，提高他们对文化现象进行客观描述的能力。

（二）文化态度建立时期

经历了文化意识觉醒阶段，就到了文化态度建立阶段。也就是说，如果人们认识到了不同文化之间的差异，他们就会自觉或不自觉地对这种差异做出自己的反应。这种反应可能是消极的，也可能是积极的。虽然我们希望在这一阶段人们能以一种中立的立场和态度对待文化及其差异，但这基本上是不可能的，因为人们总是会从自己主观的角度出发，要么排斥目的语文化、坚持自身文化，要么接受目的语文化、排斥自身文化。

在文化态度建立时期的教学活动中，教师除了继续向学生传授不同文化的差异，更重要的是在此基础上帮助学生处理文化分歧，培养学生处理文化差异的能力。教师要让学生明白，世界是多元化的，文化也不是单一的，而是朝着多元趋向发展，我们应该以发展的眼光看待文化，理性对待文化差异，接受文化的多样性。

（三）融入其他文化时期

这一时期是跨文化交际意识和能力发展的高级阶段，个体在跨文化交际语境中表现出双重文化身份，可以进行双语思维。实现双重文化身份要求行为主体具有移情能力，这要求行为主体把自己投射到目的语文化的人物身份中。

在这一时期，行为主体开始尝试融入其他文化，也就是站在其他文化的立场思考问题。因此，在这一阶段，教师应鼓励学生转换文化立场，超越自己所在文化的框架模式，将自己置身于其他文化模式中，多从其他文化的视角出发，发现问题、解决问题。

（四）文化理性时期

在跨文化交际意识形成的最后一个阶段，行为主体能够初步评价自己所属文化中的某些现象，并且能够对其他文化的某些方面做出判断和评价。行为主体的认知水平在这一阶段已经能够超越具体文化，可以看到不同文化中的优点和缺点，成为世界公民，找寻文化的共通之处，评价世界文化的活力和多样性。

在文化理性阶段的教学中，教师应让学生尊重不同文化，又应鼓励学生回归本族文化，注重本族文化的学习和传承。此外，教师应鼓励学生对其他文化提出自己的见解，在尊重其他文化的同时要勇于发表不同的意见，保留自己的看法。

二、培训者与合作者

高职英语教师不仅是英语语言的诠释者和分析者，而且是英语语言技能的培训者和合作者。在学生进行语言学习时，对语言知识的掌握是必要的前提条件和基础，而学习语言的目的是提高和发展自己的语言运用能力。一般来说，语言技能包含听、说、读、写、译。从语言的发展规律上来看，听、说位居第一，而读、写其次。但是，从英语教育的角度来说，读、写居于第一，听、说第二。这就说明，英语教育的目标是让学生具备一定的读、写能力，而听、说能力是提升学生读、写、译能力的前提和基础。

因此，在高职英语教学中，教师具备语言技能的掌握能力是必需的，这是一个整体的概念，是听、说、读、写、译的有机结合。如果不能掌握这些技能，教师就很难驾驭语言课程，也很难娴熟地对语言教学活动进行组织，也无法完成提升学生语言技能的重要目标。还需要指出的是，教师还担任着英语语言训练合作者的身份。也就是说，并不是教师将任务布置给学生就可以了，还需要引导学生参与到学生的活动中，让学生在教师的帮助下在学习的过程中更游刃有余，既学到了知识，也完成了任务，同时也实现了教师的教学效果。

三、引导者与帮助者

高职英语教师是英语语言知识的诠释者，因此他们首先具有渊博的英语语言知识储备。也就是说，英语教师必须对专业知识有一个系统地掌握，并能够系统地分析英语语言现象。从教师教育的研究中不难发现，英语教师需要掌握的专业知识包含理论知识、形式知识、语境知识、实践知识等。英语教师只有掌握了这些知识，才能对语言材料、语言现象有一个清晰的说明，也才能解答学生学习中所遇到的问题，从而使学生实现恰当的理解和语言输出。另外，语言技能的掌握和使用也离不开语言知识的积累，通过不同的语言形式、语言功能得以实现。无论教师采用何种教学策略，其必须教授的教

学内容就是英语语言系统知识及对这些知识的分析和输出。可见，教师是学生学习英语语言知识的引导者和帮助者。

四、评价者与掌控者

教学评价是高职英语教学的一个重要环节。对高职英语教学进行科学、全面、客观、准确的评估对于教学目标的实现而言意义重大。教学评价既是教师获取教学反馈、改进教学管理、保证教学质量的一个重要依据，也是学生改进学习方法、调整学习策略的一个有效手段。教师通过批阅学生的作业就可以了解学生对知识点的掌握情况。但需要注意的是，任何事情都具有两面性，抛开批改作业的质量来说，当批改完成后教师便没有多余的精力去总结学生作业的完成情况，或者去分析其中存在的问题。

五、教学方法的探索者

在高职英语教学中，教师并不仅仅是固有教学方法的使用者，也承担着新型教学方法的探求者和开发者的角色。语言教学具有很强的实践性，因此其与教学方法关系密切。英语语言知识的分析、语言技能的掌握、课堂活动的组织等都离不开教学方法的使用。英语语言教学的方法有很多种，如语法——翻译法、听说法、交际法、情境法、任务法、自主学习法等，这些方法都存在某些优点，也存在着某些缺点。因此，任何一种教学方法都不是万能的，高职英语教师需要将各种教学方法综合起来组织和实施教学，以便收获更好的教学效果。就当前的英语教学来说，已经从传统的以教师为中心转向了以学生为中心，强调学生的地位，这也有助于实现教师和学生的双向互动。

六、语言环境的创设者

根据二语习得理论，语言环境对语言学习有着至关重要的作用，尤其是在缺乏真实语言环境的教学中更是如此。通过创设真实的语言环境，教师可以将新旧知识联系起来，了解中西方的文化传统习俗，接受原汁原味的中西方文化的感染和熏陶，这比学生单独学习词汇、单独学习句子的成效显著得多。英语语言环境的创设不仅可以在课堂教学中展开，而且在课外教学中也应该引起足够的重视。

七、课堂活动的组织者

对于任何教学活动来说，课堂活动是必不可少的，英语课堂同样也不例外。

高职英语课堂活动是课堂教学的载体，设计合理的英语教学活动有助于提升教学的质量。如前所述，英语是一门特殊的学科，有着特殊和明显的特征，因此在课堂上教师需要对英语技能进行培养和训练，而英语课堂活动恰好是训练技能的一种有效方式。但是就普通英语课堂来说，教师可用的教具只能是粉笔、黑板、幻灯片、录音机等设备，这些设备使用起来并不便利。

在传统教具下，学生可以了解很多基础性的知识，对基本原理有了更直观地了解和接触，但学生并没有太多的机会参与到课堂中，仍旧扮演着被动者的角色。同时，英语训练离不开语言环境，但是在普通的英语课堂中只能提供有限的活动如辩论、对话、话剧表演等，很少有真实的语言训练的机会，如远程对话交流、电影配音等。虽然教师发挥了活动组织者的作用，并且活动也大多都比较直观，但这是远远不够的，因为这些训练不能够加深学生对英语语言知识和技能的印象．也就难以巩固他们所学的语言知识体系。

八、语言教学的研究者

高职英语教师除了担任语言教学任务，还承担着研究者的任务。他们在掌握语言教学理论与性质规律的基础上，逐渐构建自己的教学理念，并运用这一理念去指导实践活动，达到良好的教学效果。因此，英语教师在英语语言教学实践中必须进行英语语言教学的理论研究，将教学研究与课堂教学实践相结合，从而实现理论到实践的转变，再到理论的升华。

九、文化差异的解释者

高职英语教师还充当着中西方语言文化差异解释者的角色。文化背景与文化传统不同，其价值观念和思维方式也存在明显差异。文化差异逐渐成了高职英语教学过程中的障碍。从社会文化角度来说，语言是一种应用系统，具备独特的规范和规则，是文化要素中不可或缺的一部分。在英语教学与学习中，除了要教授英语语言知识和技能外，还需要教授文化背景知识，二者是相互促进、相互弥补的关系。在语言文化知识的内容上，除了要讲解本土文化知识，还需要讲解英语民族的文化知识。

中西方语言文化的差异性主要体现在社会制度、风俗习惯、思维方式及道德价值上，其在语言的词汇、篇章、言语行为中都能够体现出来。作为中西方语言文化差异的解释者，英语教师需要对中西方的语言文化及差异性有一个清晰的了解和熟知，他们需要大量阅读中英文资料、观看中英文电影，积累足够的能够表现中西方文化差异的第一手素材。需要指出的是，在充当中西方语言文化差异解释者角色的过程中，教师需要保持一种中立的态度，

文化没有好与坏，在选取素材上也尽量选取那些不会贬低任何文化的素材，这样有助于更好地引导学生对文化差异有一个清晰的认知。

十、现代技术的应用者

在网络多媒体非常普及的当前社会，英语教师的职责并没有被削弱，而是面临着更艰巨的挑战，因为这一全新的教育形式对高职英语教师提出了更高层次的要求。基于网络多媒体的高职英语教师必须学会运用先进的教学手段和教学模式，改变传统的教学理念和模式，使自己成为现代教育技术的应用者，这样才能适合当前教育的需求。对于高职英语教师而言，熟练应用现代教育技术的能力主要体现在如下几个方面：

（一）设计有效主题教学模式

在新时期，高职英语教学要求教师设计和探讨新的教学方法和教学模式，既要将网络多媒体的优势发挥出来，又要提升学生的学习效率。因此，高职英语教师设计的主题教学模式应该是学生感兴趣的热点话题。整个主题教学模式应围绕某一主题进行，让小组进行关于主题的分散讨论，最后以主题写作形式结束单元主题的教学。教师运用网络与学生进行讨论时，要对教学的内容、网上的资源进行合理安排。一般来说，讲评和讨论可以在课堂上进行，而阅读和写作可以在网络上进行。在新时期，教学中设计的每一个主题都可以在网上找到丰富的资料，包含其涉及的文化背景知识和发展动态，由学生自己进行整理总结并得出结论，然后再与其他学生展开讨论，这样就可以打破课本对学生的束缚。

在这一教学模式下，教师在设计时可以链接一些有效网址，如常用热点新闻网址，帮助学生接触更多的国内外新闻知识。同时，教师还可以为学生介绍一些国内外主要报纸、杂志的网址。另外，教师可以下载一些具有争议性或前沿性的资料，引发学生的挑战意识和欲望。当然，对于一些敏感性的话题，教师更需要对学生进行正确引导，尤其是与国家尊严相关的话题。

（二）建立在线学习系统并监控学生学习过程

网络多媒体技术为学生的英语学习提供了便利条件，而调控学生的学习、提供个别的指导是教师的主要任务，教师首先要做的就是建立一个完善的在线学习系统。这一系统不仅要包含教师端，还应包含学生端。学生端需要学生填写自己的信息，然后按照班级让教师提出申请，进而加入这一在线学习系统中。教师对学生端进行审核，确定无误后允许学生加入该系统中。

根据导航指示，学生可以在线获取相关资料或者可以下载下来。例如，在线学习系统包含“单元测试”与“家庭作业”等子项目，学生在“单元测试”中进行训练和测试，在“家庭作业”中提交自己的作文。之后，学生可以通过“师生论坛”或者 E-mail 的形式与教师或者其他学生进行讨论，参与网上的交互活动。

不难发现，在线学习系统是课堂教学的延伸。通过系统的处理，教师可以将学生的记录进行比较综合，从而迅速、直观地了解学生的学习状况。

（三）设计单元任务

单元主题目标往往需要对单元任务进行设计，学生通过对真实任务的探索，以及对英语语言的操练，既能够拓宽自己的知识面，又能够提升自己解决问题的能力。因此，语言单元训练任务是语言学习的一项重要项目，这就要求教师在网上设计相应的能够提升学生基本技能的任务，让学生在规定的时间内完成任务，在提交后查看结果，电脑当场给出分数。学生以这种方式完成一系列的任务，有助于降低压迫感与挫败感，从而激发他们参与的热情。

语言单元训练任务的完成是学生接下来解决问题、完成任务的前提，他们只有掌握了必备的语言素材，才能对相关的语言材料进行操练和应用。通过网络，学生可以选取教师设计的单元任务，根据自己的实际水平来完成，然后进行师生交流、生生交流，最后以网上作业的形式呈现自己的观点。

（四）促进交互机制实施

单纯的语言输入并不能保证语言的习得，而交互活动是语言习得的关键。交互活动包含意义协商和语言输出。网络多媒体为学生英语学习的交互提供了极大的便利。作为交互学习的促进者，教师应该组织、指导和激发学生参与到主题单元的交互活动中。例如，利用 QQ、微信及钉钉就某一专题与学生展开交流；利用 BBS 发布教学内容，布置给学生学习任务，为学生分析与解决问题提供指导；利用 QQ 群、微信群或者讨论组与学生进行交流等。这些网络交互活动可能具有即时性，也可能具有延时性，但是在整个活动中教师都是促进者的身份，与学生进行平等的讨论并给予恰当的意见。

（五）帮助学生利用网络学习

网络多媒体辅助英语教学的一个重要特色就是其具有网络监控作用。通过网络监控学习，有助于学生了解自己的学习过程，帮助他们实现自己的需要。教师是学生网络学习的帮助者，尤其是后进生的帮助者。通过学生对网页等的浏览，教师可以进行记录，了解学生的参与情况和次数，帮助他们了解学

习中的困难，并解决实际中的问题。由于学生出现的问题不同，因此教师应该根据不同的学生给予不同的指导和辅助，促进学生得到不同层次的提升和进步。可见，教师对学生网络学习的帮助更具有人情化，避免了学生出现畏惧心理，并能够快速地解决问题，完成自主学习。

（六）搜集和分析大数据

随着大规模在线公开课程的出现，学生可以免费获取大量的名校课程，学生学习的途径有了更多的选择，这就对英语教师提出了更高的要求。数字教育平台的建立使得各门课程的网络学生有很多，网络信息库的资源被迅速捕捉出来。通过收集和挖掘学生的海量信息，教师可以更准确地把握学生的特征及学生学习的效果，并对学生下一步的学习形式和内容进行预测，真正实现因材施教。作为大数据的挖掘者和分析者，英语教师必须把握大数据分析的技巧和方法，其中包含模型预测、机器学习、比较优化、可视化等方法。

第二节　跨文化背景对高职英语教师的要求

随着跨文化教育的发展，高职英语教师面临着各方面的新挑战。因此，对于每一位优秀的高职英语教师而言，不仅需要重视教学工作的每一个过程，同时还要时刻注意提高自己的各方面素质，如教学素质、职业素质、科研素质与信息素质。

一、教学素质

（一）精湛的专业水准和知识储备

新时期的高职英语教师需要具备精湛的专业水准和知识储备，即扎实的语言基本功。所谓语言基本功，是指教师能够驾驭和把握英语语言知识和语言技能，能够得心应手地运用英语这门语言进行授课，这是对高职英语教师最基本的素质要求。

当前，教师最重要的业务素质是较强的口语表达能力与较强的写作能力。这是因为在新时期，高职英语教师与学生往往通过文字与声音来交流，如果教师能够表达清晰，那么必然能与学生很好地完成沟通。可以说，语言丰富多彩、文字表达准确流畅是教师的必备素质。同时，教师需要引导学生培养自己的批判性思维，掌握不同文化的差异性，对他国文化进行有选择地吸收，激发学生使用英语语言的兴趣。

除了具备基本的知识储备，高职英语教师还应该拥有运用现有知识和技能来学习其他信息、知识的能力。这是因为在新时期问题讨论都具有开放性，既不能预测，也不能设定结果。也就是说，教师和学生站在同一起点上，如果教师没有足够多的知识储备，那么就很难引领学生进入下一阶段的学习，也无法在学生面前展示出教师的良好形象。

（二）丰富的教学方法

在新的时代环境下，高职英语教师的角色发生了重要改变，教师充当的是教学的设计者、学生学习协作者的角色。教师与学生之间是互助合作的伙伴关系，学生是任务的操控者和实践者，因此教师的教学方法必然会发生改变。在新时期，教师不能仅仅使用单一的口述教学法，而应该借助多种教学方法对教学内容进行展示。例如，教师在开展网络多媒体辅助下的英语教学时，可以将课堂、个别、自学等形式结合起来，随时了解学生的学习情况，学生也能够选择适合自己的学习方法和内容。此外，教师可以优化传统的教学法，如暗示教学法、合作教学法、案例教学法、启发教学法等，加强这些教学方法的合理利用，弥补之前这些教学法的不足，从而大大提升学生的兴趣和积极性，也提高整个英语教学的效果。

（三）新颖的教育理念

通过对新时期的英语教学进行研究可知，外语习得是学生在一定的社会文化背景下，通过他人的帮助利用其他学习资料，以意义建构的形式来获取外语语言能力的。这一新颖教育理念要求教师以学生为中心，教师的责任是指导学生参与到学生的互动中。事实上，教师和学生都是主体，教师主要起教的作用，而学生起学的作用，因此互动主体课堂理念不仅没有将教师的意义抛之于外，反而更注重教师的监督和管理作用。也就是说，教师发挥的作用更重要。在课堂开始之前，教师需要搜集相关课堂教学资料，设计与课堂主题相关的题目，提前将任务布置给学生，让学生积极地参与其中。

在课堂上，教师与学生之间进行交流与活动，可以是个人展示，也可以是分组活动；可以先讨论再展示，也可以先陈述观点再讨论点评。基于这一教学理念，教师作为教的主体，应充分发挥指导作用，在课前对相关教学资料进行搜索，设计相关的语言活动主题，为学生布置课堂上的活动任务，激发学生参与的积极性与主动性，并要求学生在课下通过网络搜集资料，进行交流讨论等。就课堂上的交流活动而言，可以播放视频，也可以制作PPT课件；可以先个人陈述观点，后进行讨论点评，也可以先讨论，后展示；可以是个人展示，也可以是小组活动。生生互动与师生互动的课堂延伸活动与教师的

监测都可以在课堂教学中进行，使学习活动任务在教学中构成一个统一的整体。

（四）创造性的教学思维

在思维领域，创造性思维是最高的形式，是有价值的思维形式。所谓创造性思维，即运用新方式、新技术来解决问题、处理问题。创造性思维具有以下四个基本特征：

第一是独特性，即能够打破常规，从独特的角度来发现与解决问题。

第二是多向性，即包含发散性思维与聚合性思维。

第三是综合性，通过综合和分析归纳，抓住事物的主要矛盾和矛盾的主要方面。

第四是发展性，对事物的发展应该具有预见性，进而推测事物发展的趋势。

在新的社会环境下，高职英语教师应该充分利用各种教学资源进行教育创新和教育科研。独特性思维要求教师应该对中英文信息资源有足够的掌握，从而设计出个性的教学模式和方法。多向性思维要求教师具备对教学资源进行归纳的能力，从而优化自己的教学效果。综合性思维要求教师具有将英语学科与科学技术整合的能力，将科学技术最大化地运用到英语教学中。发展性思维要求教师的眼光应该具有前瞻性，跟着技术发展预测教学的发展前景。

二、职业素质

职业道德是作为一名教师基本的行为操守和道德品行，是教师在教学过程中调控与国家、与社会、与学生之间关系应该遵循的道德意识、道德规范、道德情操的综合。无论教学模式、教学形式如何变化，对教师的职业道德要求是永远不会改变的。在新时期的英语教学中，教师与学生之间的交流必然会遇到多种疑问，因此教师需要具备过硬的品德修养，更强烈的耐心和责任心，加倍关注学生的成长，帮学生答疑解惑。

教师具备高尚的职业道德要求他们对待学生要循循善诱、宽厚待人，善于关注学生的学习及他们的身心健康。教师首先对学生的心理特点了解清楚，帮助学生在新时期构建正确的价值观与人生观，构筑积极、健康的心态和体态。在新时期，学生必然会受到虚拟环境的影响，其接受的海量信息也必然是复杂的，他们的心灵也会随之受到冲击和考验。同时，学生具有个性化、多样化的特点，因此他们更加注重个体对事物的体验，对平等、个性等有着极大的认同感，这种敏感的认同必然会导致学生产生很多问题。

因此，英语教师应该注重培养学生的品德，可以通过与学生沟通，了解学生的心理动向；也可以给学生推荐一些必读物，为更好地参与校园活动、树立正确的人生目标、与他人和谐的相处做好准备。在新的时代环境下，教师可以借助互联网技术给学生提供有价值的电子书与视频文件.帮助学生树立积极向上的心态。他们可以建立QQ群、讨论组、微信群等，相互交流，及时帮助其他学生解决遇到的学习问题，杜绝各类恶性事件的发生。

三、科研素质

理论来源于实践，而教学理论也来源于具体的科研实践。科研实践是检验科研理论的基础。教育教学将理论与实践相结合，而教学实践也需要科研理论的指导，而新的科研理论方法产生于教学实践，二者相互促进、相互补充、共同发展。

在当前社会形势下，英语教师需要具备非凡的科研能力，首先要求教师具备基本的研究方法，如教学实验法、问卷调查法、访谈法、文献法、个案研究法等。在具体的实施中.教师从自己的需要出发，选择与自己相符合的研究方法。另外，英语教师还需要具备信息加工、网络搜索、信息反馈等科研能力。

四、信息素质

“信息素质”这一概念是由美国信息产业协会主席保罗·泽考斯基（Paul Zurkowski）提出的。一个人具有较高的信息素质，他就能认识与把握完整与精确的信息，这些信息是承担合理角色的基本；他能够确定对信息的需求，形成基于这些需求的问题；他能够确定哪些信息源是潜在的，从而根据这些信息源制定成功的检索方式；他具有获取、组织、使用、评价信息的能力。因此，英语教师需要养成信息化教学的习惯，使自己的知识向着多样化的方向发展。

在跨文化教育视阈下，英语教师提高教学质量的关键在于对现代技术的掌握和具备较高的信息素质。具体来说，英语教师需要做到如下四点。

首先，具备了解最新动态、及时捕捉前沿信息的能力。

其次，具备较强的信息运用和创造的能力，这是英语教师与其他职业在信息素质上有明显区别的特征。

再次，具备较强的信息获取、信息存储、信息加工、信息筛选、信息更新、信息创造的能力，这是教师具备较强的信息素质的核心。由于各类信息具有复杂性与变化性，英语教师需要对相关有价值的信息进行辨别，并且能对这些信息进行加工和利用。

最后，具备良好的信息意识，能够从复杂的信息结构中捕捉到有效的信息，把握英语这门学科的动向。同时，教师还需抓住学生的信息，对他们的心态与体态有一个基本的把握，从而为学生的健康发展奠定基础。

此外，在新的时代环境下，英语教学中会经常使用计算机，这就要求英语教师具有较强的计算机工具使用能力，主要包括制作英语课件的能力与音频、视频编辑能力。英语教师应可以熟练使用PPT等工具制作单机版与网络版的多媒体课件。此外，英语教师还应能充分利用计算机软件对通过网络下载的图形图像、视频文件、声音等根据具体的教学要求加以剪辑与合成。

五、心理素质

在英语教学中，一名合格的英语教师应该具备良好的心理素质，这样的教师也往往受到学生的欢迎和喜爱。英语教师可以从以下几个方面培养自身的心理素质：

（一）性格方面

性格是教师心理素质的重要体现，同时教师的性格在一定程度上会对课堂氛围产生影响。不仅如此，教师的性格甚至会对学生产生潜移默化的影响。一名性格外向、充满教学激情的教师其课堂也会充满向上的张力，学生在这样的氛围下其学习热情就会十分高涨，对英语学习也会很感兴趣，学习效果自然就事半功倍。相反，如果教师性格内向、保守，在教学和学生教育上就会停滞不前，课堂气氛也会相对沉闷，从而影响了学生的学习兴趣。因此，英语教师应该活泼热情，并能很好地调动学生情绪，把控课堂气氛。

（二）情感方面

情感方面的素质也是教师心理素质的重要组成部分。具体来说，教师在情感上要真诚地对待每一位学生，对学生的进步要予以鼓励和支持，对学生学习上的问题要给予及时的指导和分析。英语教师要真心热爱和关怀自己的学生. 尤其要对学生一视同仁，不能依据成绩的高低来判断学生的好坏。不仅如此，教师还要注意在课下关心学生，关注学生在生活上的困难，并提供一定的帮助。总之，教师要努力和学生建立一种和谐友爱的师生关系。

（三）意志方面

英语学习需要长期坚持和不懈努力，学生的成功同样如此。因此，教师一定要有耐心，具有持之以恒的精神。此外，教学过程中难免会遇到各种各样的困难，教师要勇于面对挑战，不断发现、解决、总结问题。

第三节　高职英语教师文化教学培训

要想培养出一名合格的高职英语教师，仅仅几天、几周是不可能的，必然是终身的事情。实际上，培养一名优秀的教师往往从外语学习的第一天就开始了，通过学校教育直到教师走上讲台之前的培训，甚至走上讲台之后还需要进行再教育。

对于中国的英语教学来说，传统的教学方法之所以代代相传，是因为这些方法已经在高职英语教师的脑海中根植下来。因此，从源头抓起是培养合格的高职英语教师的关键。换句话说，要让教师逐渐学习和接触新的教学理念与方法，同时鼓励他们不断创新教学方法，这样才能用新的教学方法与教学理念影响学生。当然，要想培养高质量的英语教师，就需培养教师的跨文化意识，也就需要对教师进行文化层面的培训。

一、培训的目的和内容

显然，要想成为一名合格的教师，必然需要具备较强的知识与能力，以及良好的态度，要想让教师达到这些标准，必然需要进行文化教学培训。分类标准不同，培训的类型与内容也不同，如可以分为岗前培训与在岗培训，也可以分为教学方法培训与教材运用方法培训，还可以分为长期培训与短期培训等。①对教师开展培训，应该具有系统性并定期进行，不可能仅通过一次或几次培训就可以了。因此，要将文化教学作为考量因素，为教师提供一个文化教学培训的框架，且能够用于各种不同的教师培训系统中，为教师的文化教学培训提供一定程度的参考。总体而言，教师的文化教学培训可以划分为如下两种：

（一）文化能力培训

个人文化能力包含如下三个层面：文化知识、文化意识、文化行为。因此，其目的可以总结为如下几点。

1. 帮助教师补充文化知识

通过对教师进行文化教学培训，让高职英语教师真正地掌握如下能力：

（1）对语言、文化、交际三者的关系有所理解和把握。

（2）对本土文化与目的语文化的差异性有清楚的认知。

（3）对文化、跨文化意识、跨文化交际、跨文化能力等相关概念有清楚

的理解和把握。

（4）对英语在国际上的地位和作用有清楚的认识。

2. 帮助教师提高文化意识和跨文化敏感性

通过对教师进行文化教学培训，让高职英语教师真正掌握如下几方面能力：

（1）认识到文化在个人、社会中所起的重要作用，尤其认识到文化对跨文化交际的作用。

（2）愿意对不同文化进行了解，并愿意同不同文化背景下的人们展开交流。

（3）培养对文化差异的捕捉、欣赏、理解能力。

（4）能够对自己的言行、跨文化交际经历等进行反思。

（5）对自己的跨文化敏感性进行分析与汇总。

（6）让教师能够发挥出文化教学的功能，并有意识、有计划地开展跨文化外语教学。

3. 帮助教师调整自己的文化行为，提高跨文化交际能力

通过对教师进行文化教学培训，让高职英语教师真正掌握如下几方面能力：

（1）根据不同文化，对自己的交际方式进行调整，并采用多种策略、多种手段来进行交际。

（2）能够与不同文化背景的人建立友好平等关系。

（3）勇于参与文化研究与学习，对新的文化群体展开分析和了解。

（二）文化教学培训

对教师进行文化教学培训，目标如下所述：

（1）对文化教学的目标予以确定。

（2）对文化教学大纲进行设计。

（3）对文化教学方法进行选择并有效使用。

（4）对教材进行分析与合理利用，并结合教材添加一些辅助材料。

（5）对文化学习任务进行布置。

（6）对文化学习的评价方法进行确定。

在跨文化外语教学中，文化教学与外语教学紧密结合，因此在对高职英语教师进行文化教学培训时，也需要将二者结合起来。如果用独立的方式来处理，那么就与跨文化外语教学的宗旨相违背。

二、培训的方法

（一）文化意识和文化教学意识的培训方法

文化、文化差异及外语教学的文化教学潜力是客观存在的，关键的一点是让教师意识到它们的存在，即要提高教师的文化敏感性和文化教学的意识。基于此，教师的文化知识积累和文化能力及文化教学能力才会突飞猛进。所以，文化教学培训的一个根本特点就是“使隐含的东西明确化”。

教师来参加培训时，自身带着丰富的文化体验，他们的文化参考框架经过长期、不断地建构和修改，已经成为他们个人身份和个性的一个象征。他们在日常工作和生活中，在与他人进行交流时，都会自动地、无意识地使用其文化参考框架。为了使教师意识到文化参考框架的存在和作用，以及来自不同文化环境的人们通常使用不同的文化参考框架，最有效的方法是利用文化冲撞、关键事件和反思练习等跨文化培训的方法。

（二）文化知识的培训方法

文化人类学全面而系统地阐述了文化概念和知识的学习，无论是在文化理论研究、具体文化的描述上，还是在文化研究的方法上都已形成了较为完善的体系，是外语教师获取相关文化知识的可靠来源。因此，它理应成为外语教师培训的一门必修课。外语教师学习文化人类学时，只需利用文化人类学的部分研究成果，以获取对文化相关概念更清楚的理解，对相关文化群体更全面、深入的了解，同时借鉴其中的一些文化研究和探索的方法。

其实，应该由来自不同领域的专家，如外语教学研究者、文化学家、跨文化交际研究者、教师培训专家等共同完成对文化人类学研究成果的筛选和选用工作，选择那些教师需要掌握的理论和信息作为培训的内容。

另外，社会学和跨文化交际学的研究成果同样是教师培训应该关注的内容。这两门学科清晰地描述了语言、文化、社会和交际之间的复杂关系。

对于师范院校的准教师来说，最理想的情况是在高年级开设专门的文化学、社会学和跨文化交际学课程。对于从非师范院校毕业却选择成为外语教师的准教师而言，只能依靠教师培训工作者精心挑选和准备的培训内容，以系列讲座的形式传授给自己，因为无法抽出很多时间专门讲述这些科目的内容。

（三）文化能力的培训方法

文化能力的培训不仅包含教师的认知心理，还囊括教师的行为、情感等。

相比较而言，对教师进行文化能力的培训是相对复杂的，文化能力的培训主要包含如下两种：

1. 跨文化交际能力的培训方法

跨文化交际能力培训始于文化冲撞，目的是让教师通过情感、心理层面的冲撞，对文化冲突有清晰的了解及感性层面的认识。培训者向教师介绍跨文化交际的困难，然后再帮助教师解决这些困难。具体来说，主要有以下四种方法。

（1）给教师提供跨文化交际实践的机会，如到外国人家里做客、到外企见习等。

（2）通过观察跨文化交际的成败案例来汲取经验，避免进入交际误区。

（3）通过讲座等活动让教师不断了解跨文化的本质，弄清文化冲撞产生的原因，进而调整自身的心态。

（4）让所有教师分享自身的跨文化经历。

在整个培训过程中，培训者应该反复强调反思的重要性。因为只有通过不断学习、不断体会、不断反思，受训者才能有效地增强自己的跨文化意识和跨文化交际能力。

2. 文化学习和探索能力的培训方法

文化学习和探索能力培养是要帮助受训教师掌握一套文化学习的方法，使他们能够对遇到的新的文化现象和文化群体进行探索研究。

（1）文化学习和探索能力首先是基于勇敢、敏感等情感状态的，如果对文化没有敏感性，忽视文化差异，那么必然导致文化学习障碍。

（2）面对陌生的文化环境，很多人选择逃避和退缩，而善于学习和探索的人则会勇敢地尝试和体验，积极参加各种有利于自己了解该文化群体的活动。与不同文化背景的人相处时，具备了宽容和移情这两种素质，就能有效地避免误解和冲突的发生，文化学习和探索才可能顺利完成。

（四）其他培训方法

1. 校本培训

良好的教学能力既需要教师自身专业技能的发展，也需要通过严格的校本培训提供支持。校本培训是根据学校课程和整体规划的需要，由学校发起组织的，旨在满足个体教师工作需求的校内培训活动。校本培训的具体途径包括以下三种：

（1）校企合作。“校”指的是学校，而“企”指的是企业或“行业界”“工业界”，因此校企合作简单来说就是学校与企业的合作。

在教育领域．校企合作途径是对教育活动、改革发展情况等规律的整合和揭示。在著名学者杜威（Dewey）看来，学校就是社会，而教育就是生活经历，学校是社会生活的一个重要形式。因此，从杜威的观点中可以看出校企合作途径是学校与企业为实现各自的目的而建立的一种合作共同体，其构建的目的是实现产品研究、技术开发、教育培训、学习者培训、社会服务等目标。

在具体的实践中，校企合作途径要求高校和企业构建符合要求的高素质的专业教师队伍，这需要从以下两点着手：

首先，英语教师可以深入企业，进行亲身体验与实践。在企业中，英语教师可以深层次感受企业文化，从而树立企业观、市场观，也明确自己的教学目标，提高自己的教学技能。

其次，企业的高级员工可以去高校讲学，使教师队伍进一步强化，解决当前高校师资力量短缺的问题，最终实现师资共建。

（2）校本督导。校本督导途径是由学校成员参与的自主与合作的指导过程，目的是提升学校教育实践活动。校本督导主要有下面三种形式：

第一，自我督导形式。这一形式是由教师自己制订专业发展规划，然后独自实施，最后完成自己的专业发展规划，实现自己的专业发展。自我督导可以采取多种形式，如参加相关研讨会与座谈会、组织学习者评价自己的教学行为、对研究报告和专业杂志进行分析、通过录像等设备来分析自己的教学活动等。

第二，常规督导形式。这是一种必不可少的督导形式，其意义与行政监督有着相似的地方。常规督导形式往往是由学校主管部门或者院系领导定期组织听课，观察任课教师的课堂行为与教学活动，从而对任课教师提出意见，给予任课教师一定的帮助。

第三，教学督导形式。这一形式主要是由督导教师对任课教师进行有针对性的帮助活动，从而进一步提升任课教师的专业技能。这一督导形式是面对面的督导，通常采用的方式有诊断性督导、微格教学技术等。其中，诊断性督导形式是最常用的教学督导形式，其帮助的对象往往是新教师或者缺乏教学经验的教师，有助于帮助这些教师解决问题，促进新教师向着成熟教师的方向发展。

（3）校本专业培训。对于教师队伍整体素质水平的发展可通过教师专业化的培训来实现，培训内容主要涉及以下几点：

①教师在培训中要系统了解语言教学的基础理论知识和国内外英语教学的发展趋势。把握英语这门学科最新的教学理论和动态发展。

②教师通过培训要能够将新的教育观念和思想内容融入英语课程的设计、教材的分析，以及课堂教学模式的运用过程中。

③教师通过培训要熟练运用和掌握现代教育技术，如独立制作多媒体课件，在计算机和网络的应用中做到技术娴熟。

④通过培训，教师要掌握系统的英语测试及评估理论，能够运用科学的评价方式来评价自己与同事的教学，以及学生在学习过程中的具体表现。

⑤培训教师具备一定的科研能力，从而令教师可以在总结中反思自己的教学得失。

具体的培训措施主要包括以下几种：

①学校管理者要更新观念，将学生培养与教师培训放在同等重要的位置，在生活上多多关怀教师，减轻教师的低效劳动负担，让教师有充分的时间、精力来提高自己的教学水平和研究学习。

②学校管理部门要为教师提供一种宽松的民主环境，让教师可以自由地发挥和施展自己的个性和才华。

③完善培训的管理措施，有效解决教师学习和正常工作中的矛盾，大力鼓励教师积极参加在职教育的培训。

④为教师制定新的考评内容和标准。对于教师教学水平和技术能力的考评，一定要避免盲目追求形式和恶性竞争的不良循环，如此才能实现促进教师专业成长的目的。考评的作用之一就是引导教师学会自我总结和反思，以便改善自己的教学方式。因此，考评制度和标准的制定一定要从教师专业成长的角度出发，最好能够为教师建立成长档案，帮助教师全面了解自己，从而准确把握自己的成长阶段和发展方向。

需要注意的是，很多教师对于继续教育都持有一种“无所谓”的态度，他们认为培训的内容大多“学非所需”，并不能真正让自己提高教学技术水平，故不想浪费时间和精力在专业培训上。其实，教师可以选择一些“订单式”培训，这种培训的宗旨就是让教师有自己选择学习内容的自由，也就是说教师是专业培训的主人，教师在培训中学习的内容可真正实现“学有所用”。订单式培训以教师的个性特点为依据，强调理论与实践相结合，以形成教师个性化的教学风格为最终目标，并且这种培训还有后续、长期的指导和实践。在对教师进行专业培训时还需要关注一个客观情况，即教师作为个体具有鲜明的个体差异性。现代英语教学要求教师要形成自己的个性化教学，具有特色意识，避免使用单一、模式、公式化的教学方法，这要求我们在对教师进行专业培训时不能搞“一刀切”。也就是说，教师专业培训需要针对不同年龄、水平、特长的教师制定不同的培训项目、标准和进度。现代教师发展的核心不是对教师优劣情况的筛选，而是在承认个体差异性的基础上帮助教师全面认识自己，扬长避短，最大限度地发挥自身的优势，从而在实现自己人生价值方面达到最优化。

2. 教学观摩

教师可以对他人和自己的专业实践进行观察，帮助自己发现问题并进行反思，从而不断获得专业发展，这就是观摩法。观摩法既包括自我观摩，也包括同行观摩，即对同事或同领域的其他学者的专业实践获得进行的观摩。

自我观摩也就是反观自我，主要是通过观看自己的专业实践活动的录像来观察和审视自己的专业实践活动。同行观摩是打破同行间的交际障碍开始进行交流最终取得专业发展的有效办法。这里的同行观摩不是指有关专家或者领导进行的督导或者指导，而是指身份相同、目的相同的同行之间的互相观摩。在这种观摩中．大家的目的是一致的，即互相发展、共同进步，因此教师可以开诚布公，毫不隐瞒地展示自己的专业实践活动，无论是观摩者还是被观摩者都不用担心因为展示了自己或者对方的不足而影响工作岗位。同时，观察者本人作为教师会要求同行进入自己的课堂进行观摩，指出自己的优点和不足，从而共同进步。

参考文献

[1] 邢青 . 大学英语跨文化交际阅读教程 [M]. 成都：电子科技大学出版社，2021.

[2] 庄智象，庄恩平 . 新大学英语 跨文化交际阅读教程 2[M]. 上海：华东师范大学出版社，2021.

[3] 李莞婷，夏胜武 . 跨文化交际视阈下的商务英语翻译探究 [M]. 长春：吉林出版集团股份有限公司，2021.

[4] 崔国东 . 跨文化视角下的英语教学理论与方法探究 [M]. 长春：吉林人民出版社，2021.

[5] 张爱玲 . 高职英语教学的反思及未来趋势研究 [M]. 青岛：中国海洋大学出版社，2019.

[6] 祁岩 . 商务英语与跨文化翻译研究 [M]. 长春：吉林人民出版社，2020.

[7] 史艳云 . 大学英语中的跨文化交际 [M]. 长春：吉林人民出版社，2020.

[8] 阮国艳 . 跨文化交际英语教学与研究 [M]. 北京：中国纺织出版社，2020.

[9] 许丽云，刘枫，尚利明 . 大学英语教学的跨文化交际视角研究与创新发展 [M]. 北京：中国商务出版社，2020.

[10] 杨海霞，田志雄，王慧 . 现代高职英语教学研究与实践探索 [M]. 长春：吉林人民出版社，2019.

[11] 张明 . 高职英语教学与商务实践 [M]. 长春：吉林教育出版社，2019.

[12] 高昆 . 高职英语教学综合分析 [M]. 电子科技大学出版社，2019.

[13] 张亚梅 . 高职英语教学策略与实践 [M]. 文化发展出版社，2019.

[14] 舒婧娟，王丽，武建萍 . 跨文化交际时代英语教学的发展倾向 [M]. 吉林出版集团股份有限公司，2020.

[15] 庄智象，庄恩平，侯宏业 . 新大学英语 跨文化交际阅读教程 3[M]. 上海：华东师范大学出版社，2021.

[16] 刘丽，庄恩平 . 新大学英语 跨文化交际阅读教程 4 学生用书 [M]. 上海：

华东师范大学出版社，2021.

[17] 庄恩平，马玉梅 . 新大学英语 跨文化交际阅读教程 2 教师用书 [M]. 上海：华东师范大学出版社，2021.

[18] 袁飞，李龙霞 . 高职英语教学理论与实践 [M]. 北京：中国国际广播出版社，2020.

[19] 资灿 . 高职英语教学的发展与创新研究 [M]. 成都：西南交通大学出版社，2020.

[20] 赵盛 . 高职英语教学方法与改革研究 [M]. 长春：吉林人民出版社，2020.

[21] 王九程 . 信息化时代高职英语教学研究 [M]. 长春：吉林人民出版社，2020.

[22] 张启振 . 跨文化英语教学与课程设计 [M]. 吉林出版集团股份有限公司，2020.

[23] 丁燕 . 互动与融合 跨文化与英语教学 [M]. 北京：九州出版社，2020.

[24] 庄恩平，王利 . 新大学英语 跨文化交际阅读教程 3 教师用书 [M]. 上海：华东师范大学出版社，2021.

[25] 庄恩平，郭银玲 . 新大学英语 跨文化交际阅读教程 4 教师用书 [M]. 上海：华东师范大学出版社，2021.

[26] 张红玲，顾力行，迟若冰 . 大学跨文化英语综合教程 4 教师用书 [M]. 上海：上海外语教育出版社，2020.